30天练出一身肌

健身教练从不外传的肌肉训练法

赵 健 著

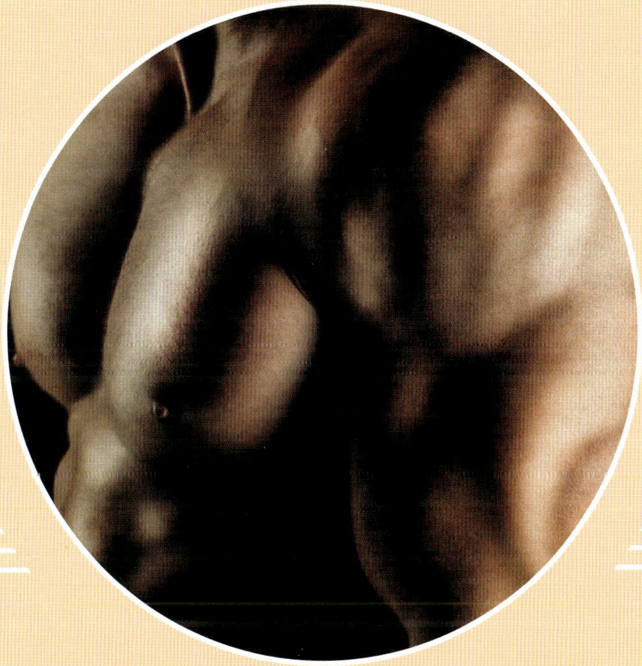

江苏凤凰科学技术出版社

图书在版编目（CIP）数据

30天练出一身肌：健身教练从不外传的肌肉训练法 / 赵健著. -- 南京：江苏凤凰科学技术出版社, 2019.6
ISBN 978-7-5537-9933-9

Ⅰ. ①3… Ⅱ. ①赵… Ⅲ. ①肌肉 - 力量训练 Ⅳ. ①G808.14

中国版本图书馆CIP数据核字（2018）第290303号

30 天练出一身肌　健身教练从不外传的肌肉训练法

著　　者	赵　健
责任编辑	倪　敏
责任校对	郝慧华
责任监制	曹叶平　方　晨
出版发行	江苏凤凰科学技术出版社
出版社地址	南京市湖南路 1 号 A 楼，邮编：210009
出版社网址	http://www.pspress.cn
印　　刷	天津旭丰源印刷有限公司
开　　本	718mm × 1000mm　1/12
印　　张	16
插　　页	1
版　　次	2019年6月第1版
印　　次	2019年6月第1次印刷
标准书号	ISBN 978-7-5537-9933-9
定　　价	45.00元

拿什么挑战你，命中注定的肥胖

有一天在网上跟朋友们讨论起这5年内大家最大的改变是什么，包括兴趣爱好、手机号码、QQ号码，甚至身边的亲人朋友等一切事情，几乎所有人都提到了一个问题：5年来，改变最大的是自己的身体。快节奏的生活，食物摄入的过量，运动量的减少，导致男人们肚子变大了，身上的脂肪也变得多起来。

身体，年轻时常常被我们忽视，一晃多年之后，现在终于开始被人们重视和珍惜。

这大概也是每个人的身体“心路”吧。就像十几年前文艺青年们人手一册村上春树的《挪威的森林》，而十几年后村上春树的话题是《当我谈跑步时，我谈些什么》。维护好我们的身体之美，保持我们的好身材，才能让我们拥有健康的身体。道理其实很简单，只是忙碌的我们，常常会忽略，想不起、也听不到那些最基础也最重要的事儿。

体重管理专家说："习惯和方法决定一切，包括你的身材！肥胖绝不只是少吃几口饭就可以解决的麻烦，经常待在办公室座椅上催生的大肚腩，也不是偶尔的几个仰卧起坐能够铲平的。"在这个信息爆炸的时代，想要找到一种减肥的方法，网上搜一下信息便会铺天盖地。但"知道分子"们或许并不知道的是：一切看似健康而有效的方式，还需要结合自身的体质和习惯，才能在自己身上见到较好的效果。

我曾经在我的第二本书《Man’s时尚哑铃健美金典》（吉林科学技术出版社）序言里面说过：作为一个热爱健身事业的专业健身教练，我除了希望自己的健美形象能一直这样保持下去以外，更希望更多的人能够通过我向大家推荐的方法，塑造出属于自己的有形身材。

现在，我依然希望有更多的人，能够通过我推荐的方式与方法达到减脂、塑形的目的。所以，我致力将本书打造成男子减脂、塑形运动一本通，按照身体不同的部位（双臂、胸肌、肩膀、背肌、腹肌、臀肌、腿肌）安排了不同的既经济、又有效的锻炼方案，让你无论是在健身房，还是在家中，都能轻松地打造好身材。

另外我还为不同身体特征的人群，精心编排了不同的（初级、中级、高级）锻炼方式与方法。按照初级动作练习，能够让你轻松改善体质，拥有健康的身体，并且能帮你保持良好的身形；按照中级动作练习，能够让你燃烧脂肪，塑造出型男好身材，并且还能让你精神焕发，魅力四射；按照高级动作练习，能够让你超越自我，拥有像权相佑一般的好身材。

我们可以在书中有针对性地选择不同的动作对身体某个部位进行锻炼，也可以按照自己对健身效果的不同需求，选择适合自己的初级、中级或者高级动作进行锻炼，还可以根据运动时间、运动强度以及锻炼方法的不同，来安排最合理的燃脂、塑形方式。

本书是想要减肥、健身、塑身，渴望拥有好身材的男士们的首选精品，只要你按照书上介绍的动作坚持锻炼，就一定可以拥有好身材！

赵健

目录 CONTENTS

PART 01 走近健美，你不可不知的健美常识

PART 02 健美沙龙，和健美来一次亲密接触

PART 03 健身先生 教你打造强有力的手臂

PART 04 健身先生 教你打造浑厚的肩部

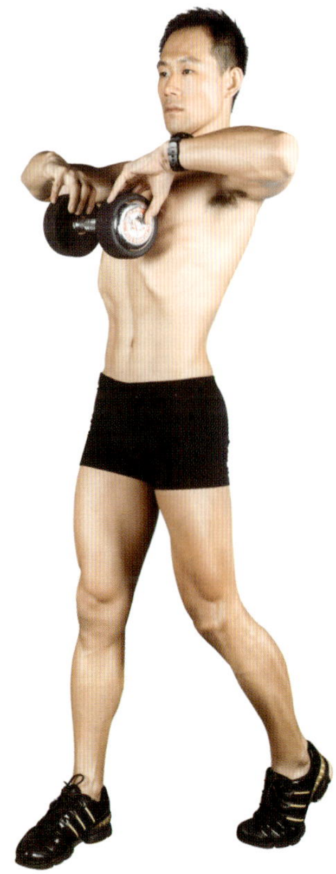

PART 05 健身先生 教你打造完美背部

PART 06 健身先生 教你打造健硕胸肌

PART 07 健身先生 教你练出傲人的“王”字腹肌

PART 08 健身先生 教你锻炼臀、腿部的动作

PART 09 健身先生
教你运动后饮食、休息的调整

PART 01

走近健美，

你不可不知的健美常识

提起健美，或许你会一眼掠过，
或许你会想起阿诺德·施瓦辛格或罗尼·库尔曼。
是时候更新一下你的旧观念了，
现代人追求的健美，
不再是所谓的大块头，
而是更多你不可不知的“秘密”。

健美对你说，它不是“大块头”的代名词

当电影《终结者》上映的时候，很多人都羡慕阿诺德·施瓦辛格（Arnold Schwarzenegger）的身材，他曾经是一位著名的健美运动员。现在，只要提到健美，很多人就不自觉地想起在荧屏上出现的健美先生、健美小姐们，他们身上硕大的肌肉块让男人们羡慕，但也让女人们感觉害怕，很多人内心会有一种莫名的抵触情绪：我不需要那样突出的肌肉块，所以我也不需要去健美，仿佛健美就是“大肌肉”的象征。

其实，这只是大家对健美的一种片面理解，健美是指人的健康、强壮的身体所表现出来的审美属性。它是人们追求人体美的一个综合标准，即人的肌肉、骨骼、血液、肤色充满着生命的活力，无论其外部形式或内部结构都是匀称、协调、充满生机的。

男人的身体是变化着的，如身体发胖甚至走形，可大多数男人对这个问题的严重性还没有很清楚的认识。肥胖很有可能会导致高脂血症、高血压、高血糖、高尿酸血症等，同时肥胖人群也是心脑血管疾病的高危人群。只有拥有健康的身体，男人才能更有活力；只有拥有美丽的形体，才能让男人魅力四射。

健美运动是通过徒手或各种器械，运用不同的训练方式来增长体力、改善形体和陶冶情操的运动项目的统称。健美运动不仅包括以比赛为目的的竞技健美，也包括以减肥或改善体形体态为目的的健身健美运动。

竞技健美运动

竞技健美运动俗称健美运动，即通过动作练习，使人体各部位的肌肉发达匀称，体格健壮，且赋予体形雕塑感的艺术美。

竞技时，健美运动员通过指定的姿势，将各自的身材展示给裁判团，裁判团根据他们身体外形符合审美的程度进行评分。肌肉的展现是通过减脂、涂油、皮肤晒黑（或晒黑油），并结合现场灯光效果使肌肉群的轮廓更加清晰。知名的健美运动员包括阿诺德·施瓦辛格、多利安·耶茨、罗·佛里格诺、 弗朗哥·哥伦布、弗兰克·赞恩、李·哈尼、罗尼·库尔曼、杰·卡特和杰克逊·德克斯特等。

健身健美运动

健身健美运动俗称健身运动，即通过动作练习，使人身体健康、体质增强，生活内容更加丰富。

健身运动，涉及养生、医疗健康、矫正畸形、养颜防衰等内容。一般来说，健身运动大多简单易学，不受设备、时间和场地的限制，可供选择的具体运动项目也有很多，如重量训练、跑步、有氧操、有氧舞蹈、健走、爬山或水上活动等都是健身运动。

在这里，我将给大家介绍的健美运动实际上是健身健美运动。健身健美运动中的有氧型运动能消耗大量的养分和氧气，不仅能让你迅速燃烧身体脂肪，而且还能增加你的心脏收缩次数、升高每次压送出的血液量、增多你的呼吸次数、加大你的肺部收张程度、增强你的心肺耐力，让你拥有健康的身体；而健身健美运动中的力量型运动能消耗储存在你体内的糖，并对肌肉产生刺激，进而改变肌肉的体积、形状，将你的肌肉的外部轮廓线条雕琢得更精致，让你的身材更加有形。

附表：竞技健美运动与健身健美运动的区分

运动	竞技健美运动	健身健美运动
参与者	健美运动员、个人	习惯运动锻炼的人、社会大众
目的	竞技、比赛、表演或自我特殊要求	拥有健康身体及强健体魄
方式	要求专人指导，具较高技术性	可依个人喜欢调整训练方法、方式，简单易行
难易度	高难度、高体能、超负荷	重视安全性，讲究适度运动负担
效果	有针对性、比较单一	均衡、全面
训练	无氧运动为主、有氧运动为辅	无氧运动为主、有氧运动为辅
要求	突出个人表现、成绩、比赛名次	重在参与和锻炼，名次无关紧要
设备	齐全、专业、特定	简单且操作性强
时效	具有时效性，是阶段性质的	终身可行的运动方式
审美	严格，具有专业高度及评审标准	大众美、时尚美、符合群众审美观
发展性	更具难度的技术标准、更苛刻的训练要求、更严格的运动员条件	简便易学、技术含量一般、适合男女老少

在世界，健美运动的兴起与发展

健美运动的兴起

古希腊著名的哲学家苏格拉底认为：“人的一切活动都不能脱离身体，力量与肌肉的美只有通过身体才能得到，让身体衰弱是耻辱的。”他一生都坚持运动，并鼓动别人和他一起运动。他的学生柏拉图后来也提出：“要为保卫家园练就健壮的体魄，要为造就完美的身材而奋斗终身。”而柏拉图的学生、哲学家亚里士多德更是提出：“男人，需要养成健美的体格而不是野兽的性格。”

古希腊哲学家们崇尚强壮的体格，其实是与当时的社会状况紧密相关的。从公元前8世纪到公元前6世纪，氏族社会解体后的古希腊，形成了数以百计的城邦国家，他们把战争作为攫取财富的重要途径。为了获得胜利，就需要更多更强壮、更矫健的斗士，于是身体结实、身手矫健的人，就成了当时人们崇拜的对象，这也形成了他们特殊的健美观念。古希腊人认为：拥有呼吸通畅的胸部、灵活而强壮的脖子、虎背熊腰般的躯干和一块块隆起的肌肉，是健美的人体必须具备的因素。

古希腊人主要通过运动来塑造和培养健美人物。国家出资修建健身场所，青年人在那里练习跳跃、拳击、奔跑、投枪、掷铁饼，系统地锻炼机体和各部分肌肉，把身体练得强壮、轻灵和健美。

那时候，4年一届的古代奥林匹克运动会，则是运动员们向村长汇报训练工作、向观众炫耀力量和展现人体健美的重要场合。无论是谁，若能在奥运会折桂，将会受到英雄般的欢迎。古希腊还风行裸体艺术，譬如在运动场上从事正规的裸体运动，人们更喜欢欣赏裸体所展示的力量、健康和活泼的姿态。

著名雕塑作品——《掷铁饼者》反映的就是这个时期的健美活动。

健美运动的发展

公元130~200年，古罗马名医盖伦著书立传，倡导健身运动。他将运动分为臂部、躯干和腿部运动，并列举出一些有助于健美的运动项目，如搬动和高举重物、爬绳等。到了18世纪，德国著名体育活动家艾泽伦开设了培训体育师资的课程，创造了哑铃、环等运动项目。

这些形式的锻炼，既是现代竞技举重的起源，也是现代健美运动和力量举的起源。那时从事锻炼的人们，主要追求的是身体力量的增强，而对体形的要求并不那么严格，这些大力士们往往力大无比、肩宽腰粗且肌肉非常发达。

健美运动的创始人山道出生于1868年，他小的时候体弱多病，后来为古代角力士雕像的雄健体魄所吸引，每天坚持锻炼身体，并摸索出一整套锻炼肌肉的方法。

山道22岁时，他全身的肌肉已经非常发达。此后，他到英国、澳大利亚、新西兰以及南美洲等地表演各种健美技艺和力量的技巧，演出完毕后就展示自己发达的肌肉，并塑造各种姿势的人体形象，受到了人们的一致好评和追捧。

后来，山道开设了体育学校，主要就是宣传健美运动，并创立健美健身函授班，向世界各地的健美爱好者传授健身健美的训练方法。

在20世纪，《肌肉发达法》《力的秘诀》等颇具影响力的专著从理论上肯定了健美运动对身体的作用。从20世纪30年代起，一些西方国家逐渐将健美表演变成了一项竞技比赛，也就是现在的健美比赛，并迅速扩展到世界各地。

健美运动的“黄金时期”是1940年左右一直到1970年期间。第二次世界大战爆发使年轻人开始追求更加强壮的体格和更加坚强的性格，他们通过改善训练技巧、提高营养水平以及使用更加有效的器械达到这些目的。在这段时期里，早期的审美观开始发生变化，人们开始追求更加壮硕的肌肉状态，对肌肉的对称性和轮廓的清晰度有了更高的要求。

这在很大程度上是由于很多有影响力的行业刊物已开始出现，新的比赛也应健美运动的发展而逐渐兴起。

1939年，美国业余竞技联盟(AAU, Amateur Athletic Union)在既有的举重比赛中新增了健美比赛项目，第二年更是将这个项目重新提名为“AAU美国先生”(AAU Mr. America)。当时的AAU只允许业余运动员参赛，并且仅仅偏重于奥运会举重项目。后来，韦德兄弟发起并组织了国际健美联合会(IFBB, International Federation of Body Builders)。他们组织的比赛“IFBB美国先生”(IFBB Mr. America)对所有职业选手开放。

1950年，另一个名为国家业余健美协会(NABBA, National Amateur Bodybuilders Association)的机构开始在英国举办“NABBA宇宙先生”(NABBA Mr. Universe)的比赛。

1965年，又一个重大赛事“奥林匹亚先生”(Mr. Olympia)开始举办。时至今日，“奥林匹亚先生”已成为健美界的顶级赛事。

健美运动的现状

如今，国际健美联合会已有168个会员国，亚洲健美联合会有36个会员国，分别是国际和亚洲最大的单项体育组织之一，健美运动也成为最为普及的运动项目之一。

随着生活水平的不断提高，大家对身体的健康问题也越来越关注，健美作为一项延缓人体肌肉衰老速度最有效的运动项目，越来越受到人们的青睐。现如今，竞技健美已经是世界上最受欢迎的竞技运动之一，阿诺德·施瓦辛格、罗尼·库尔曼、乔·卡特等一批具有划时代意义的健美明星们的出现，更激起了大家对竞技健美的关注。

在发达的西方国家，健身健美运动已经不再单纯地追求时尚，而是一种获得健康的生活方式。健身运动已经逐渐成为人们生活中不可或缺的一部分。

据美国商业信息统计，美国的健身俱乐部在2001年增加了869家，从2001年1月的16938家增加到2002年1月的17807家，这使美国健身俱乐部的数量在美国黄页中所占比率提升了5.1%。也就是说，在美国，平均一万多人就拥有一家健身俱乐部。当然，这个数字统计至今已有十多年，现在健身俱乐部的总量肯定更为惊人。

根据近期一项欧盟国家市场调查显示，健身已经成为全球休闲活动中增长速度最快的一环。保持健身习惯的男性人数比2000年多了将近一倍，而女性健身爱好者人数也在最近十年间增长了30%。

健身运动已被越来越多的人所接受。在美国，人们将运动视为生命中最有价值的东西，每8人中就有1个在健身，也就是说美国共有三千多万人在健身；在澳大利亚，男女谈恋爱，会相约去跑步；在德国，婴幼儿可以跟父母一起参加健身课程；在英国，上班族下班后，迫不及待地赶往健身房；而在中国，去健身俱乐部健身的潮流正在兴起。

在中国，穿越历史时空的健身健美运动

提起健身健美，或许很多人会不屑地说，这不过又是在向西方国家跟风罢了。其实不然，咱们的老祖宗很早就开始注重健身和养生了。

春秋至战国时期，我国的第一部中医理论专著《黄帝内经》中就曾记载：“夜卧早起，广步于庭，被发缓形，以使志生。”而“广步”就是指较长时间地走路锻炼，还含有跑步的意思。《黄帝内经》总结的医疗经验和学术理论，明确地提出了要早睡早起，进行健身锻炼，来提高人们的防病能力。

唐代医学家孙思邈曾在他的著作《千金翼方》中提到：“亲故邻里来相访问，携手出游百步。”他在提倡饭后健身走的基础上又增加了新的内容，即“食后行百步，常以手摩腹”，也就是健身走的同时增加辅助的揉腹动作，这样不仅能增强胃肠的消化功能，也有助于治疗各种肠胃病，能健胃养生。

到了宋代，宋人除了继承隋唐延续下来的健身方法外，还出现了“以步代车”的概念。唐宋八大家之一的苏东坡，他所提倡的健身良方就是“以步代车”“散步逍遥”。

清代重要养生专著《养生随笔》记载，“步主筋，步则筋舒而四肢健，懒步则筋挛，筋挛日益加懒”“散步者，散而不拘之谓，且行且立，且立且行，须得一种闲暇自如之态”。可见，这时期的人们已经能辩证地认识健身与健康的关系。提倡要经常锻炼，还要求人们要有一种闲暇自如之态，强调要放松心境，这对促进人们的心理健康有很大帮助。

到了现代，回顾我们从小到大的健身方式，不难发现，健美运动的内容也随着时代潮流在不断地变化着。

● 20世纪50年代——广播体操风行天下

“现在开始做广播体操，原地踏步走……”相信很多人都还没忘记我们在学校课间时候不是很情愿、但又无法逃避的广播体操吧？在当时，第一套广播体操可是创造了一次历史性的轰动。

1952年11月24日，第一套广播体操编创成功，每天只要高音喇叭声一响，千百万工人、学生都会跟着广播做操，成为历史上破天荒的新鲜事。广播体操成为我国过去几十年中参加人数最多的群众健身活动之一。

● 20世纪60年代——乒乓、游泳项目规模浩大

到了20世纪60年代，第26届世界乒乓球锦标赛上中国健儿的捷报飞来，极大地鼓舞了人们练习乒乓球的热情，从城市到农村，从工厂到学校，到处是木头、砖头做成的简易乒乓球台。

毛主席畅游长江也激发了大规模的游泳热潮。1965

年，上海组织了一场大型的群众渡江活动，全上海市有接近2.5万人参加，历时约两天半。时至今日，这两种锻炼方式仍然受到大家的喜爱和追捧。

● 20世纪70年代——象征性长跑活动

20世纪70年代，由于缺少运动器材和场地，长跑逐渐走进人们的生活之中。每到重要节日前，各省市都会举行大众长跑活动，都能吸引上百万人的关注和参与。上海曾组织过一次“锻炼身体，保卫祖国，上海——珍宝岛象征性长跑”活动，就吸引了一百四十多万人参加。

● 20世纪80年代——健身项目一年一个样

步入20世纪80年代，健身项目可谓是一年一个样：1983年一部电影《少林寺》让中国功夫热遍大街小巷，1984年飞碟游戏快速兴起，1985年的旱冰，1986年的迪斯科健身舞，1987年的呼啦圈……都曾风靡一时。在老年人中，传统的太极拳开始慢慢恢复人气。

在大众健身方式极大发展普及的同时，小型健身器械也开始不断涌现。在当时，拥有一个拉力器或握力器，就会成为别人艳羡的对象。那时候的学生，很多人都愿意省吃俭用，存钱为自己买个弹簧拉力器，每天早晚练上十多分钟几乎成了必修课。

20世纪80年代的健身运动相比之前的健身运动更加科学，人们在健身中加入了运动前的热身、运动后的放松和营养的补充，并且一直沿用至今。

● 20世纪90年代至今——健身与世界同步

20世纪90年代开始流行“储蓄金钱不如储蓄健康”的观念，健身的项目开始五花八门，而各种新颖、时尚的健身方式开始在各地兴起。国际上流行的健身项目如舞蹈、健美操、瑜伽等，在中国市场上应有尽有；中国传统的健身项目如太极拳、咏春拳等依然在广泛流传。健身房、健身俱乐部如雨后春笋一样在全国各地出现。

如今，健身不但是一种追求健康的生活方式，更是一种追求时尚的表现。

三大理由，不得不爱健身健美运动

你是否经常晚上12点以后才去睡觉？你是否总是在记起来该吃饭的时候才去吃饭？你是否察觉自己的免疫力下降，春秋季节总是躲不开流感的袭击？你是否经常在早上起来觉得情绪低落、精力不济、打不起精神？你是否经常觉得身体很累，几乎都不去运动？

健身健美运动让你拥有健康的身体

一份涉及31个省、市、直辖市的城市白领健康调查问卷显示：76%的城市白领处于亚健康状态。实际上，处于各种高压负荷下的人们远远超过76%的比例，起码90%的白领存在不同程度的亚健康症状。压力较大，心理亚健康问题突出更是“精英猝死”事件的幕后黑手。

曾经有人在网络上做过关于身体亚健康的调查，调查中发现，除了社会激烈的竞争，生活的沉重压力，长期的高强度工作和加班等因素之外，长时间接触网络，饮食、作息不规律，缺乏锻炼等，都是引发各行精英们处于身体亚健康状态的重要因素。其中，所有参与调查的人群中，没有运动习惯的人达七成之多，不运动已经成为身体亚健康的重要原因之一。

健身运动能在一定程度上促进血液中的红细胞、白细胞和血红蛋白的生成，从而提高身体的营养水平、代谢能力和对疾病的抵抗能力；还能增强心血管系统、呼吸系统和消化系统等各内脏器官的免疫功能。

经常进行健身锻炼还能提高消化系统的机能。肌肉活动时会消耗大量的营养物质，这就需要及时地补充。同时，肌肉的活动可促使胃肠的蠕动增强，消化液分泌增多，使消化和吸收能力得到提高，食欲增加。

不仅如此，进行健身锻炼对呼吸系统的机能也有良好的影响，它能提高你的呼吸深度，增加每次呼吸时的气体交换量，既有利于呼吸肌的休息，又可提高呼吸系统的功能储备，从而保证在激烈运动时满足气体交换的需要，提高身体机能水平。

健身健美运动让你拥有型男好身材

一天到晚忙碌的你，是标准的外食一族，食物高油、高盐、高热量，身上的赘肉与日俱增；啤酒、白酒、红酒的“业务应酬”，“将军肚”“啤酒肚”悄悄地附上你的身体，它们带给你的不再是富态，而是负担；闲暇时，只想宅在家里听音乐、看电视、上网打游戏。你有多久没有运动了？可惜，好好一个型男的模子，被披上了“猥琐男”的外装。

经常做健身健美运动不仅可有效降低肌肉中的脂肪含量，让你的身材变得更加匀称和强壮，还能促进身体某些部位的生长发育，促进骨骼的生长和肌肉的增长。宽阔的肩膀与手臂，让男人显得更可靠；倒三角身材的男人会让人眼波荡漾；浑厚的胸肌与块垒的腹肌，无论身在泳池畔还是运动场上，都特别性感迷人；粗壮有形的大腿显示出阳刚的力量；结实上翘的臀部一定让人想入非非；而线条匀称的小腿，更展现了男人的行动魄力。减掉赘肉，才能更加自信；痛快流汗，才能更显男儿本色。

正因为健美运动的各种动作能够给予身体某些相应部位以巨大的影响，所以，当一个人的体态已经出现某些缺陷的时候，就可以有针对性地选择某些适当的动作来进行锻炼，以达到矫正畸形的作用。比如四肢不成比例的人，可以采用先锻炼身体比较弱的一侧，使之强健起来，以达到匀称协调的目的；含胸驼背的人，可以多练习卧推和扩胸等动作，经过半年左右的锻炼，胸廓自然就会变得挺拔，肌肉也会发达充实起来。

健身健美运动让你拥有好心情

现代生活的紧张节奏，会使人产生紧迫感、压抑感，而紧张的体力劳动和脑力劳动又会使人产生疲劳感。当然，疲劳可以通过休息、睡眠、沐浴、放松按摩等方式来消除。但神经的疲劳是产生深度疲劳的主要因素，因此，除采用上述方法外，还可采用一些调节心理活动的积极措施，而健身运动则能起到这方面的作用。

进行健身运动时，肌肉会有明显地收缩、放松的过程，压抑在肌肉中的负能量也会在这一过程中被排解出去。它一方面让我们感受紧张状态下身心的沉醉，另一方面也让我们感受到放松后身心的轻松。

通过一段时间的锻炼后，肌肉增长了，多余的脂肪减掉了，体形健美了，人在心理上就会产生一种满足的愉悦感。在做健身运动的时候，动感欢乐的音乐伴随着节奏鲜明而又活泼的形体练习动作，能很快地松弛绷紧的神经，转移和消除人的疲劳感、压抑感，使大脑得到适时的休息。

PART 02

健美沙龙，和健美来一次亲密接触

健身健美运动不是人一时的荷尔蒙冲动，
它能给予人细水长流、长长久久的安全感。
在做健身健美运动之前，
你需要和它来一次亲密接触，
这样你才能真正地了解它，才能去驾驭它。
静下心来，修炼好自己的内功，
会让你在接下来的健身运动中事半功倍。

从零开始，让你向健美先生迈进

1. 健身健美时需要遵循的原则

健美寻求的是：通过健身达到身体的健康和形体的优美。这就需要我们更加专业、更加科学地进行健身运动。一些初学健身者，怀抱着对健身的一腔热血，兴冲冲地跑进健身房，松了衣服就开始对着各种健身器材进行操练。其实，这样的练习方式不仅不能达到理想的效果，而且还容易伤到自己。

所谓“磨刀不误砍柴工”， 做什么事情都得有条理、不盲从，只有先了解了事物的原理和规律，才能做到循序渐进、事半功倍。就健身健美运动而言，它有一些需要遵循的原则，不论是对健美一知半解的初学者，还是那些自称“骨灰级”的运动达人，都应该对此清楚了解并将其铭记于心。在健美运动中遵照执行这些原则，会让我们比别人更快地在健美道路上收获成功。

有条不紊做运动

运动时最怕操之过急，切忌求快，要控制好呼吸，有条不紊地做运动，保证主动肌在顶峰时收缩停留1~2秒钟，这样才能让肌肉得到足够的收缩和刺激。

另外，要尽量在精神最好、人最开心的时候运动，而且要专心，这样能保证自己收到最好的健美效果。千万不要在生病时做运动，这会让自己本就脆弱的免疫力变得更差。

集中主动肌用力

希望集中锻炼某个部位肌肉时，就要集中主动肌用力（主动肌即运动时集中用力的主要肌群），而尽可能避免其他协同肌用力，从而让主动肌在运动中承受最大的运动刺激。如希望锻炼主动肌肱二头肌，就可以通过做哑铃单臂弯举来实现。

变换运动项目

当一个运动项目做久了，肌肉也会像人一样产生“审美疲劳”，影响肌肉继续增长，因此你需要及时地更换自己的运动项目，以保证肌肉不断受到新的刺激，从而促进肌肉增长。如经常做俯卧撑的朋友可以变换着做一些哑铃飞鸟或是引颈向上等运动。

渐增运动量

训练时，要有意识地根据自身体能的增长，加大运动量，不仅要增加重量、次数、组数，还应该缩短运动中的间歇时间，这样能够帮助自己更有效率地增长肌肉体积。

运动强度递增

运动中，我们要以强度逐渐递增为原则，你可以在最开始时，用两个10千克的哑铃锻炼手臂肌肉，次数和组数可以相对多一点。然后慢慢地加大重量，直到接近极限，此时次数和组数上可以有所减少，这是为了充分激发身体肌肉的承受力和爆发力。在做一些主动肌训练时，如果一个人练习起来有困难，可以让同伴从旁协助完成，以保证充分挖掘身体的潜能。

组合训练

做完一组主动肌训练后，可以接着做一组主动肌协助完成的运动，例如，做完哑铃弯举后接着做一组哑铃飞鸟；或者做一组或多组针对主动肌进行但动作不同的运动，例如，做完斜坐杠铃弯举后接着做哑铃弯举或者哑铃上举，中间只允许短时间的休息或者不休息。这种组合训练也是为了增加肌肉的爆发力和承受力。

多组训练

训练时，每个动作都要保证练在3~4组或以上，这样才能使自己的肌肉群得到应有的锻炼和增长。

2.肌肉、力量，一个都不能少

很多时候，我们容易将肌肉和肌肉力量等同起来，认为肌肉多的人，力量就一定大，其实这是一个误区，肌肉和肌肉力量并不是一回事。现实生活中，我们常常看到身材健硕的人掰手腕输给身材瘦削、精悍的人。运动健身时，很多人都将肌肉的增长作为第一目标，其实我们更应该做到二者兼顾，让自己既拥有结实的肌肉，又让我们的肌肉充满力量。

肌肉和肌肉力量就像硬币的正反面，如果肌肉是正面，代表硬币上人头那一面，那么，肌肉力量就是其背面的字，只看正面你只能知道它是硬币，却不知道它的币值是多少。男人，只有同时拥有“正反面”，才能更完美。

力量训练与耐力训练相结合

通常情况下，健身者尤其是初学者，往往只陶醉于某种单一的运动方式，其实这样很难达到增长肌肉和力量的要求，正确的训练方式应该是将力量训练与耐力训练相结合。这是因为如果单纯地进行力量训练或单纯地进行耐力训练，就会导致力量训练与耐力训练之间的不平衡，不但达不到训练效果，还会破坏原先的训练效果。要想保持肌肉的活力，健身计划应该张弛有度。

另外，想要快速增长肌肉就必须进行力量训练，并且应该逐渐加强运动强度，让自己的肌肉在训练中充分收缩和紧张，充分激活自己的肌肉，促进肌肉的生长。

充足的恢复时间

人体肌肉有一定的恢复周期，如果肌肉还没得到完全恢复就继续进行高强度的训练，不仅会造成肌肉损伤，还可能影响自己的身体健康。

其实，肌肉的生长大多是在人休息的时候。一般来说，进行完一次高强度训练后，至少要休息48小时，因为人体90%的肌肉能够在24小时内恢复，但是要完全恢复必须等待72小时。不过48小时以后肌肉已经恢复得差不多了，这个时候进行训练尽管对肌肉有一定刺激，但是不会对身体造成特别大的负担，我们可以保持每周3~4天的训练量。另外，我们可以通过一些方式促进肌肉的恢复，如休息、按摩等。

运动后充足的营养补充

其实，运动后的饮食也是很有讲究的，一方面饮食是为了补充运动后所损失的能量；另一方面，饮食是为了更好地补充肌肉和力量增长所需的营养。因此，我们在运动完一个半小时后，应该给自己补充一些能量，犒赏一下自己的身体。为了增长肌肉我们可以多吃牛肉、排骨、糙米、花椰菜、杏仁等食物。

牛肉富含肌氨酸、蛋白质、钾、锌、镁、维生素B_6、维生素B_{12}、肉毒碱、结合亚油酸、丙氨酸等能够帮助人体健身取得成效的营养成分；排骨比其他蛋白质更能制造肌肉；糙米中含有较多的精氨酸和赖氨酸，能够使帮助肌肉生长的荷尔蒙比率更高；花椰菜是蔬菜中维生素C含量较高的，而维生素C能够减小肌肉损伤；杏仁中含有大量的镁元素，增加镁元素的摄入量能够加强身体负重能力。

3.“三天打鱼，两天晒网”也可以练出好身材

在健身会所，我们常常看到这样的人，刚办健身卡时，倍感新鲜，对所有的健身器械都激情澎湃。往往这样的人大多数是健美初学者，他们对健身充满新奇和期待，希望通过健身在短时间内收获最棒的身材；但还有一群人，经常运动但每次练习的时间并不长，可他们大多拥有好身材。

其实，很多时候健身就是件“三天打鱼，两天晒网”的事儿，关键是你“打鱼”的时候就得专心致志地“打”，控制好每次运动的强度，才能让身体得到最佳的锻炼。“晒网”的时候就要耐心“晒网”，养好身体这张“网”，让它在运动后得到最有效的休息和恢复。这样，你就能轻松拥有好身材了。

有氧运动和力量运动有机结合

很多人在训练中往往只注重有氧运动，而忽视力量训练在减脂和增肌中的作用。事实上，力量训练对健美帮助很大，它能有效刺激肌肉，增加肌肉含量、增强肌力。有氧训练和力量训练就像我们训练中的两条腿，走路时要两条腿一起走，才能走稳，才不会摔跤。健美也是一样，偏废任何一种，都会造成运动效果的打折。二者兼顾，才能让自己在运动中达到事半功倍的效果。

规范的动作

很多人只注重锻炼的数量和锻炼的强度，而对运动时的动作是否规范却不予理会，甚至有一部分人错误地认为只要运动了，不论姿势正确与否都能增加肌肉和力量。其实，这不仅会造成肌肉的拉伤，还会造成骨骼的变形和移位，尤其是在进行大负荷运动时，很容易使身体受伤和骨骼移位。

不同的运动强度

不同年龄段的健身者要合理调配健身强度。

20岁是长肌肉的时候，此时通过强化肌肉取得的“常规体力”，即使以后锻炼终止了也不会消失，锻炼最好隔一天进行一次，以举重等力量型锻炼为主。

30岁要开始练习柔韧性，仍然是隔天进行锻炼；强度不要像20岁时那么大，负重重量必须轻一些，但是次数可以增多。经常做伸展运动，锻炼重点在背部和腿部肌肉。

40岁主要是保持体形，每周可以进行两次，可选择

中等强度的运动，如慢跑、游泳、骑自行车等。

50岁以上主要是为了保持身体健康，不常生病，可以做一些相对温和的健身运动，如门球、游泳、慢跑等。

适中的运动时间

在时间安排上，我们应该注意运动中的时间和运动后肌肉恢复的时间。通常我们每次的运动时间不应该超过1个小时，人人都知道“生命在于运动”，却不知道运动时间过长尤其是过度运动，会对身体造成伤害。

科学证明，过度运动会使大脑血液减少、营养供给缺乏，运动时产生的酸性物质也会抑制神经活动，使脑机能下降。而且大强度运动消耗了大量能量，使大脑皮层活动减少。为防止能量进一步消耗，大脑会启动“保护性抑制”机制，所以剧烈运动后我们会感觉极度疲劳、浑身无力、大脑反应减慢。如果这项机能经常开启，大脑的敏感性会下降，容易出现注意力不集中、失眠、健忘等现象。因此，我们在运动中一定要控制好运动时间，不能过度消耗自身体能，以免伤害身体。

科学的运动周期

此外，还要控制好自己的运动周期，不能每天都进行高强度的健美训练。要给肌肉足够的恢复时间，这样才能步步为营，让肌肉在休息中得到增长。

当然，肌肉中也有特例，那就是腹肌，腹肌可以天天练，这并不是因为腹肌拥有比其他肌群更短的恢复时间，而是我们对腹肌的要求不同于其他肌群。我们要求腹肌紧致、塑形，而对其他肌群的要求是保证肌肉的饱满和厚实，需要充足的恢复时间以促进肌肉的持续增长。

了解这些，让你玩转健身健美运动

1. 好环境+好服装=好开端

好环境：

健身逐渐变成一种时尚，运动慢慢成为生活的一部分，越来越多的人开启了属于自己的健身健美运动历程。有一部分人喜欢在家运动，他们认为家是一个完全属于自己的空间，在家中自己可以完全放开地锻炼，并且在家中可以完成的运动项目有很多，例如俯卧撑、哑铃系列练习、瑜伽等。但在家中锻炼一定要在一个相对安全并且通风的环境下练习，还要合理地控制自己的运动量和运动时间。

还有一部分人则习惯去健身房锻炼，而对于一个追逐“时尚”的新手来说，如何选择一家适合自己的健身房、寻找一个健身的好环境，往往是让他们很苦恼的事情。

在这里简单介绍几种如何选择好的健身房和健身环境的方法。

符合自己的收入标准

近些年，健身房越建越好，拥有更优美的环境和更先进的器械，但同时会员费也在不断攀升——从以前的每年几百元到如今的每年几千上万元。在这种大环境下，首先要根据自身实际的经济情况出发，选择一个自己可以接受的价格。

昂贵的收费跟健身房的高质量有一定的关系，但最贵的并不一定是最好的。为了能够找到一家真正适合自己的健身房，花一些时间和精力是值得的。要对多家健身房的价钱和服务进行综合比较，不要让昂贵的健身会员费阻止了健身的脚步。

离家或单位近

离家要近，或是离工作地点不远。这样的好处显而易见，不但可以充分利用时间，更加便于养成定期健身锻炼的好习惯，也不会出现办了一张年卡因为忘记或没有时间去而浪费的状况。

优秀的健身教练

优质的健身房，从业人员通过提供专业、周到的服务，可以让你在健身的过程中始终保持良好的心理状态。经常光顾这样的健身房，健身效果也一定会事半功倍。

选自己真正需要的

现在的健身房发展趋向综合性，许多健身房里除了设有传统的负重和有氧器械训练区域以外，还设有游泳、桑拿、按摩、美容、瑜伽和室内球类竞技等各种健身休闲项目。所以在成为健身房会员前不妨细细想一想，自己健身的目的到底是什么，然后再去选择符合自己要求的健身房。在选择目标需要的同时，也可以把综合性较强的健身会所放在优先考虑的位置，选择能满足自己真正需求的和性价比高的健身房。

一般那些经营多年、拥有一定知名度的健身房比较可靠。有些品牌健身连锁店对会员有一定的限制，只接纳符合要求的人成为会员。这样会使得会员的自身素质有相当的保障，诸如财物失窃、喧闹嘈杂、打架斗殴等不良现象都会大大减少。

健身器材

如果仅仅为了锻炼身体的某一块肌肉，那就并不一定要用上每种健身器械。同样，好的健身房也不必拥有市面上所有最新款的健身器械，因为健身器械的好坏并不是检验健身房好坏的唯一标准。但是，有几种器械是健身房必须具备的，比如锻炼心肺功能的器械（脚踏车、跑步机、划臂器、动感单车等）。而且这些器材是否都有良好的运转状态，也是判断健身房是好坏的参考因素。不管做什么健身训练，安全必须放在第一位，杠铃的螺丝是否松动、运动器械的电线是否漏电等问题都应该在锻炼前就考虑、重视。另外，器材的清洁程度会表明它们是否被定期维护保养。以上这些都是我们进行判断的依据。

好服装：

很多人认为，运动时随便穿一件松软的衣服就行了，没有必要去选择，其实不然。选择合适且喜欢的服装不仅能在运动时提高运动效果，而且可以给你带来好心情，让你在运动中感受到快乐。

各大运动服品牌，诸如Adidas、Nike等都在力推更有助于运动的新款服饰。不仅如此，也有国际精品名牌如LV、Gucci等为运动爱好者量身订制出运动包、运动垫等。在美国、加拿大等欧美国家，有不少热爱运动、紧跟时尚的男士把运动服当时装穿在身上逛街购物，甚至上课、上班。

运动时，一定会大量出汗，所以选择运动装的大前提是穿着舒适、轻便，还要有很好的透气性和吸汗排汗的效果。做健身健美运动时，可以选择具有较好排汗性的材质制成的运动服，如聚丙烯、涤纶面料，尽量避免穿着纯棉面料的运动服。纯棉材质的服装尽管吸汗效果好，但是排汗性很差。穿着湿漉漉的衣服去健身，不仅会消磨我们的健身热情，还容易降低我们运动时的体温，进而引起感冒。

另外，运动鞋的作用也很大，尤其是在进行跑步锻炼、哑铃深蹲、蛙跳等双腿负荷较大的运动时，我们应该选择材质轻便、排汗性好的运动鞋。并且，最好选择鞋底有缓冲效果或者有气垫的跑步鞋，这样除了能保证运动舒适外，更重要的是能避免大负荷运动对我们的双脚和骨骼造成伤害。

2.呼吸，你真的会吗

许多人认为呼吸只是一种本能，只是维持生命的一种方式。每个有生命的人都能呼吸，却很少有人真正懂得该如何呼吸。其实呼吸是一门大学问。

美国阿拉巴马州州立大学运动科学教授迈克尔·欧森博士说：“人体的细胞需要充足的氧气才能正常工作，运动时错误的呼吸方式会使肌肉过早疲劳，尤其是从事一些高强度的运动时，一味屏住呼吸会令血压升高，甚至引起头晕目眩等不适症状，而正确的呼吸方式能帮助人体保持平稳的状态，增加运动幅度及保护心脏功能。”

合理的呼吸方式和节奏是掌握正确健身技术不可缺少的因素。合理的呼吸有利于保持体内环境的基本恒定，有利于充分发挥人体机能和提高呼吸效率。掌握正确的呼吸方式，才能更好地提高健身效果。

呼吸是生命的基本现象，它使糖、脂肪、蛋白质等营养元素氧化分解，转化成身体活动需要的能量，有助于提高肌肉收缩能力。呼吸不当，会造成体内供氧不充分，使气血上涌、气促力短、头晕恶心，破坏动作的协调性和稳定性，影响动作质量并抑制技术水平的发挥，容易引起疲劳，甚至产生晕厥现象。

在健身运动中，不论是胸式呼吸还是腹式呼吸，都存在着呼吸频率与呼吸深度的合理配合问题，对于不同的健身练习项目和练习时间，必须随技术动作的不同要求进行调整呼吸，以保证动作质量。

◆ 进行周期性健身运动时

呼吸方法要求有高度的节奏配合。从起跑开始注意呼吸，以减少氧耗，推迟运动极点的产生。实践证明，两步一吸、两步一呼的呼吸节奏既能快速吸入所需要的氧气，又能保持必要的呼吸深度。一步一吸、一步一呼，呼吸频率较快，易造成呼吸肌体疲劳。三步一吸、三步一呼，频率过于缓慢，不利于保持体力。出现极点时，呼吸频率加快，但呼吸较浅，这时人们往往只注意吸气，却忽视了呼气，应当缓慢均匀地深吸气，深长有力地呼气，减少呼吸次数，尽量多地排出体内的废气。

◆ 进行力量型练习时

发展肌肉的很多动作也属于周期性动作结构。不论是否使用器械，都应重视呼吸与动作的配合。

例如，做仰卧起坐时，如果机械地在仰卧时完成整个吸气过程，则不利于动作完成。应该在向后仰卧的时候开始吸气，在肩背部触垫的瞬间屏气收腹，上体抬起至腹部有胀感时快速呼气。深蹲练习时，下蹲时吸气，准备站起时呼气。

总的来说，在练习中正确的呼吸方法是：发力时，吸气；肌肉放松或还原时，呼气。吸气时用鼻，呼气时用嘴。呼吸要自然彻底，不能时快时慢、时续时停，吸气时要充分吸入氧气，呼气时应将气尽量呼出。当采用较重的重量时(如深蹲、卧推、硬拉)，或在力竭的最后，一两次呼吸比较急促时，可采用张口闭齿的吸气方法，或采用鼻吸、嘴呼的连续深呼吸方法，以增大肺活量。

在持器械练习时：放下器械时，吸气；举起器械时，呼气。

◆ 进行准备活动时

健身运动的准备活动多以跑、跳、游戏、拉伸等专门练习为主，这些活动多是周期性运动，应按照周期性运动的呼吸方法进行。

◆ 做动作练习时

健身运动由单个动作和成套动作组成。做单个动作练习时，应放慢动作速度，以动作与呼吸配合的技巧，掌握呼吸变化。

在成套动作中，应先弄清各个动作连接处的变化及其与呼吸的配合，再进行练习。必要时可以放慢动作连接处的练习速度，然后随技术的掌握程度，逐渐提高动作速度，最终达到呼吸与动作配合的自动化。

练习时应随着动作的进行，随时给予自我提示，如平卧推举上举时提示“呼气”，还原时提示“吸气”。这样，你就会随着自己的语言提示，进行呼吸与动作的配合，使动作更加准确、到位。

◆ 做整理活动时

在剧烈的力量训练之后，心脏和血液循环系统的工作活性会逐渐下降，肌体需要一定的时间才能恢复正常，因此，这时的呼吸应以缓慢舒长为主。在负荷较大的训练课后，牵拉练习是主要的方式。牵拉时，深吸一口气；保持牵拉姿势时，慢慢呼气。

3.让健身运动坚持下去

很多时候，我们之所以不能将健身运动坚持下去，是因为自己没有从心底里去爱这项运动，没有真正享受健身运动的过程，只是将健身作为塑造完美身材的一种手段和方式。这样，很容易出现的情况是，因为对健身效果不满意而产生倦怠和放弃的念头。

其实，我们应该换一种思维，完全可以“率性而为”地健身。在健身还没开始的时候，可以先分析自己属于哪种性格，适合做什么运动，然后从中选择几样自己喜欢的运动开始练习，让健身作为一种爱好被长久地坚持下去。

下面我给大家总结了很简单的七项指标来评估自己的性格，你可以对照其中的描述，分析自己的性格，从而更轻松地找到最适合自己的运动。

社交性	你是不是很容易跟陌生人聊天、做朋友？
	你是喜欢自己独力完成工作，还是喜欢团队作战？
心志自由度	你喜欢即兴式的决定，还是总是详细规划？
自律性	你很容易轻言放弃，还是即使困难重重也会坚持到底？
侵略性	你很喜欢自我主张、控制全场，还是在必须表明坚决立场时会害羞怯场？
竞争性	你对激烈的竞争甘之如饴，还是深以为苦？
精神集中性	你很容易集中精神，还是很容易转移注意力？
冒险性	你很有冒险犯难的精神，还是不喜欢打没有把握的仗？

通常，社交能力强、竞争性高、偏好随心所欲、不太喜欢被约束的人最适合网球之类的竞技运动；有高度自制力、不习惯社交的人适合游泳、瑜伽和哑铃健身等。

健身初期，我们可以按照自身身体条件制定一些切实可行的大目标，然后将大目标分解为可实现的阶段性小目标，这样既能让自己在每一阶段都看到身材上的改变，又能给自己鼓励，把健身运动坚持下去。

在这些小目标中，我们还可以往里面添加一些小创意、小改变。例如，在第一阶段，我们经常进行俯卧撑、仰卧起坐等运动，那么，在另一个阶段，我们就可以进行哑铃、瑜伽健身等运动，或者今天做俯卧撑，明天换做普拉提斯。

在运动服的选择上，我们可以购买几套舒服、好看的运动服装，每次健身都可以变换一套，这样会让自己在健身初始就有一个好心情；在运动器械的选择上，我们也可以每次不一样，今天练跑步机，明天选举腿架，后天就选蹬腿车；在运动完后，我们可以每次给自己准备不一样的营养餐，这样既能获得营养补充，又能让自己积累下一次运动的动力。

在健身运动开始之前，可以拍一些身体各部位的照片，一个目标阶段进行完后，也可以拍下自己身材的照片，让自己看一下健身前后身材的变化。每次做完运动后，还可以写一篇健身日记，或者是健身心得。

随性潇洒，选择你喜欢的运动器械

健身运动中，除了徒手训练外，还可以通过其他健身器械配合我们运动。器械训练能让我们达到徒手训练达不到的效果，它能在减少运动时间的情况下，帮助我们的肌肉和力量达到更大的提升。健身运动中，器械大致分为两类，一类是有氧器械，另一类是力量器械。想要获得好身材，我们就必须二者兼顾。

1. 有氧器械训练

什么叫有氧器械呢？有氧器械其实是和有氧运动相关的一个概念，有氧运动是指运动时间较长、运动强度中等的有规律的运动。有氧器械就是指人们在使用它时，进行的是有氧运动的器械。有氧器械的好处是能帮助我们很好地进行有氧运动，一般运动时间较长，能有效地燃烧体内脂肪，达到快速瘦身的效果。有氧器械大多是那种重量较轻、体积相对较小的器械，包括跑步机、健身车、蹬腿练习器等。以下是健身房中常见的有氧器械及其功效和练习方法。

跑步机

跑步机也称步行机、健步机或平跑机，有单功能跑步机和多功能跑步机两种，是室内健身器中的“宠儿”。

运动时，跑步机上的电子表可帮助你记下时速、时间、心率、热量、节拍、距离等指标，使运动者随时掌握自己的身体情况并进行调整。

跑步机除了能锻炼腿部肌肉、优化腿部线条外，还能锻炼心肺功能，提高肺活量。

使用时，只需要踩在跑步机，像平时跑步一样原地跑就可以了，还可以通过调节跑步机上的速度来提高我们的跑步速度。

使用跑步机时应该注意这些方面：

◆使用跑步机时必须穿鞋。很多人家里有跑步机，喜欢光脚跑步。殊不知跑步机的震动会对腿部关节造成不必要的伤害，而脚底出汗更容易滑倒。在跑步机上运动，最好穿慢跑鞋，慢跑鞋比普通运动鞋轻，鞋底也比较软，适合在跑步机上穿。

◆初学者使用跑步机时，速度不宜设置过快，以免脚底不适应而导致身体失控。上跑台前要做好热身运动，充分活动腰、膝、踝等部位。从起跑过渡到正常步速应该循序渐进，一次跑步30~50分钟为宜。下跑台的时候一定要等台面完全停稳，以免发生意外。

◆跑步姿势要正确。身体保持正直、平视前方。跑步时不宜和旁人长时间聊天，如果注意力分散，可能因偏离电动带而造成扭伤。

健身车

健身车具有自行车不可比拟的优点——可自由调节骑行速度，可通过健身车上的电子表观察每时每刻的速度、时间、心率值等。利用它进行锻炼，不仅能有效地提高心肺功能，还有助于减肥、增强腿部肌肉和全面提高身体素质。使用时，人只需要坐在车座上，双脚踩在踏板上，如同骑自行车一样踩动踏板就可以了。

健身车能让我们很舒服、很惬意地锻炼到腿部肌肉，同时它又可以调节强度，使我们能够更加有效地增强腿部肌肉力量和提高灵活性。

特别有趣的是，现在某些制造商在其中添加了发电功能，我们运动的同时，还可以发电，这从某种程度上能提高我们运动的兴趣。

为了避免速度过快造成踏空的情况，有的健身车的踏板上专门设置系带。但是，这也容易造成一些问题，如练习者健身完后忘了脚上还系着系带，直接就起身下车，这样很容易扭伤或者摔伤自己。因此，练习完后一定要记住解开自己脚上的系带再下车。

椭圆运转机

椭圆运转机又称为太空漫步机，是一种集漫步、慢跑、静止自行车运动为一体的健身器械。它的健身动作刚好与人的自然跨步相吻合，能同时活动上下肢的肌肉群，尤其是腿部和臀部。开启后，我们只需要站在上面，像平时散步一样自然轻松地原地走路就可以了。

进行锻炼时，走路姿势要正确，身体保持正直，双手握住手柄，控制好身体重心，眼睛平视前方。

蹬腿练习器

蹬腿练习器与坐蹬训练器不同的是，前者是向上蹬腿而不是向前蹬腿。它主要用来锻炼股四头肌。该器械由直角三角形支架、靠垫、长方形脚蹬板、上下握把及配重片组成。使用蹬腿器练习的时候，人只需要坐在座

位上，双脚踩在蹬板上，然后慢慢伸直双腿推动踏板，再往回收，这样反复练习就可以。

◆使用蹬腿器之前，要先试试重量，确定合适重量后再进行练习。

◆使用蹬腿器时，双腿一定要踩好踏板，用力要均衡。

其实也可以将轻型的哑铃归类为有氧器械，只要在训练中保持韵律并保证心率在150次/分钟的器械都可以归到有氧器械中去。

2. 力量器械训练

力量器械是与有氧器械相对的一个概念，顾名思义，就是能帮助提升肌肉力量和体积的器械。肌肉能否增加对健美至关重要，健美身材的一个硬性指标就是肌肉凸显匀称、厚实。而通过力量器械的锻炼，我们的肌肉就会在体积和力量上得到增长，这是有氧器械无法达到和完成的。力量器械主要包括哑铃、杠铃、拉力器以及夹胸器等，以下是常用的力量器械的功效及其操作方式。

哑铃

哑铃是我们平常在健身中用得最多、普及率最高的力量器械之一，我们可以通过它锻炼身体的所有肌肉群。它的操作方法很简单，可以两手各握一只哑铃，也可以两手同握一只哑铃，如果哑铃很重的话还可以用两手抓住哑铃柄进行练习，这要视训练部位和训练方式而定。

◆千万不要盲目追求重量级的哑铃，要选择自己举起5~10次不费劲的哑铃进行练习，这样，除了能避免拉伤肌肉，还可以确保你能完成一些难度比较大的动作。

◆在练习哑铃的过程中应该慢慢加大重量，这样才能不断给予肌肉新的刺激，促进肌肉和肌力的增长。

杠铃

杠铃和哑铃的功能、操作方式相似，通过它也基本可以锻炼到全身各部位肌肉。使用时用双手均匀握住杠铃两端，然后有针对性地对身体各部位进行锻炼。锻炼动作有：杠铃弯举、杠铃推举、杠铃深蹲等。

◆使用杠铃时，难免因为要增加重量而拆装杠铃片，拆装时千万注意别因为动作过急而让杠铃片夹到大拇指。

◆使用杠铃时，千万要注意固定好杠铃两边的螺丝，防止杠铃片在锻炼过程中脱落而砸伤自己。

拉力器

拉力器分为上下拉力器和前后推拉器，功能是锻炼手臂和肩背肌肉群。操作方式也很简单，只要人坐在坐垫上，双手抓住拉杆，肩背挺直，收紧小腹，上下或者前后匀速拉动拉杆就可以了。

◆使用拉力器时，速度不要过快，否则很容易造成肌肉的拉伤。

◆使用拉力器之前，最好在手上抹点儿镁粉，这样可以避免在练习过程中因为手滑造成拉杆突然收回而弄伤自己。

夹胸器

夹胸器是专门针对拓展胸肌并使之结实而设的力量器械。它的操作方法很简单，人坐在坐垫上，双手抓住身体两侧的夹板，由两端向中间用力夹紧即可。如果运动起来觉得很轻松，可以试着增加夹胸器后杠铃块的重量，尽量调到自己的身体极限，这样能快速地促进肌肉增长。

◆使用夹胸器前，要先试一下夹胸器的重量，千万不要一上来就操练，这样很容易造成肌肉拉伤。

◆使用夹胸器时，坐姿要端正，以保证最有效地锻炼胸肌。

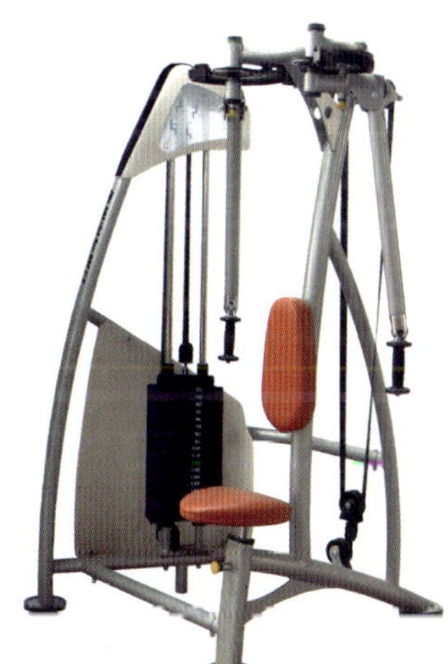

关注自我，教你认清真实的自己

人体是一个相当精密复杂的“构架”，由血液、骨骼、肌肉、神经等构成，每一部分虽然各司其职，但又相互协作、相互影响，牵引和带动人的思想、言行。人的一个简单的动作可能是由无数神经和骨骼、肌肉共同作用来完成的，就像一个精密的钟表，每个齿轮相互咬合，带动着人体这部“大钟表”的运转，它们每一环的作用也许微乎其微，但又缺一不可。如果将人体继续往下分，每部分又可以分出很多更细的部分，如血液就是由红细胞、白细胞、血小板、血浆等组成的，其中每一部分又各有作用，共同完成血液的各种功能。

肌肉的组成也是相当复杂的，通常我们所了解的肌肉仅限于我们经常运动的那部分肌肉，但是人的肌肉远远不只这些，人的任何一个动作都是由无数肌肉牵引和带动的，缺少肌肉，我们就难以完成任何一个小动作，哪怕是眨眼。结实健壮的肌肉除了让我们看起来更加帅气，还能让我们更有力量、更加健康。随着人的不断衰老，人的肌肉会不断萎缩和丧失活力，而进行必要的运动，就可以有效延缓肌肉的衰老，进而延缓人的衰老进程。

1. 自己的肌肉，自己了解多少

人的肌肉分为三种：平滑肌、骨骼肌、心肌。

平滑肌具有自动收缩功能，可不受意志的控制进行收缩。胃、膀胱、肠等器官的肌肉都属于平滑肌。心肌是由心肌细胞构成的一种肌肉组织。心肌具有自律性、兴奋性、传导性和收缩性，前三者为心肌的电生理特性，收缩性是心肌的一种机械特性。它们共同决定着心脏的活动。

我们无法直接锻炼人的这两部分肌肉，但是可以通过对身体的锻炼间接锻炼它们。许多健身方式都能够帮助按摩内脏器官，帮助改善内脏的功能；在锻炼时，需要心肌适应运动的强度，输送更多的血液和氧气。经常进行健身，人的心脏功能会加强，每次搏动的供血和供氧量会增大，心脏的跳动次数会适度减少，能节省许多时间让心脏休息和修复，从而让我们拥有一个强健的心脏。

骨骼肌则是我们通过运动能真正直接锻炼到的，并且因为“骨肉相连”，肌肉锻炼也能同时锻炼到骨骼，有助于强壮骨骼、预防骨质疏松。人体的全部骨骼肌有500多块，约占体重的40%，其中粗壮发达的四肢肌约占肌肉总量的80%。

通常，健美需要锻炼的肌肉群主要有六部分：肩部、背部、臂部、胸部、腰腹部、腿部肌肉。有的肌群是我们平常生活中经常会运动到的，如臂部和腿部肌肉，而多数肌肉群是无法通过非运动健身方式锻炼到的，如背部、胸部、腰腹部。不论这些肌群能否运动到，都无法达到健美的标准和要求，都无法强壮我们的身心。只有通过健身活动才能促进这些肌群的生长，才能使我们的身体更健康。以下是人体六大肌群及其训练方法的介绍：

●肩部

肩部肌群包括身体前侧的斜方肌以及背后的肩胛提肌、菱形肌，肩部肌群在平时锻炼时经常会被忽略，一方面是因为这部分肌群比较难练，另一方面是因为多数人认为它对身材的凸显效果不明显。其实，这是初学者的偏见，肩膀的坚实和宽大对男性至关重要，厚实的肩膀能散发男性的魅力，能给女性以安全感。并且宽阔厚实的肩膀能很好地衬出衣服款型，不会因为塌肩而需要借助垫肩来弥补缺陷。我们可以通过俯卧撑锻炼到肩部肌群，也可以借助器械进行锻炼，如：哑铃和杠铃推举、哑铃耸肩以及哑铃下俯侧平举等。

●背部

背部主要有三角肌后束、斜方肌（中部和下部）、大圆肌、背阔肌。背部肌肉也是我们容易忽视的肌群，但它却直接影响我们的外在形象，父母常常教导我们走路时要挺直腰背，就是希望我们看起来更加有精神。肩背是否挺直还会间接影响身高，因此，我们更要注意锻炼背部，进而让我们更阳刚、更健康。通常背部肌肉可以通过拉力器进行下拉和坐姿划船等动作来锻炼。

●臂部

臂部主要包括上臂的三角肌中束、肱二头肌、肱三头肌，以及下臂的肱桡肌、掌长肌、屈肌、伸肌。臂部肌群是我们平常关注比较多的，它很容易凸显我们的锻炼效果和身材，也能有效增加我们的力量。臂部肌群锻炼的方式很多，包括徒手俯卧撑、哑铃弯举、坐姿臂屈伸、正握腕弯举、仰卧臂屈伸等。

●胸部

胸部肌群主要包括胸大肌的锁骨部和肋骨部。每位男士都希望自己拥有宽阔而又结实的胸肌，它既能让男士更加自信，也能给女生带来更强的安全感。胸肌可以通过哑铃卧推、哑铃仰卧飞鸟、夹胸器夹胸进行锻炼。

●腰腹部

腰腹部肌群主要由前锯肌、腹直肌、腹内斜肌、腹外斜肌组成。腹肌应该算是男性最迫切想要练就的肌肉群，因为在如今的时代，别说拥有腹肌了，就算拥有一个平坦的腹部都是件难事儿，更多的男士都被“将军肚”“啤酒肚”裹挟着。所以，腹肌在这个时代才显得更加难能可贵。即使锻炼腹肌，我们通常也只是锻炼腹直肌，而很少会去搭理腰腹两侧的肌肉群，这样单一的腹部练习，会让腹肌看起来很孤立、很没型，真正完美的腹肌应该是二者的完美组合，这样才能凸显腰腹的结实和性感。通过仰卧起坐、坐姿收腹可以锻炼腹部肌群。需要注意的是，仰卧起坐时结合上身左右扭转能够更好地锻炼腹外斜肌和腹内斜肌。

●腿部

腿部肌群包括大腿的阔筋膜张肌、股直肌、股外肌、股内肌、股二头肌、半膜肌，以及小腿的腓肠肌、胫骨前肌、腓骨肠肌、伸肌等。腿部肌肉在运动中相对锻炼较少，但它对每个人的重要性是不言自明的。很多时候我们会出现长时间走路腿部酸痛或者气喘吁吁的情况，那是因为腿部力量不够，随着年龄的增长，这种现象就更加明显。这就需要我们加强腿部训练、增加腿部肌肉和力量。除了可以通过跑步的方式锻炼到腿部肌肉，还可以通过哑铃深蹲、机械屈腿、机械伸腿来锻炼。

2. 检测你的身体机能指数

□ 肥胖指数检测

为了有针对性、有重点地塑造身体的每一块肌肉，我们必须知道标准身材需要具备哪些指标，必须对我们身体的肌肉及脂肪含量有一个数据上的认识。这就需要我们有一套精确的测量方法和手段，来帮助我们完成这些数据的收集，以下介绍几种常见的形体自测方法和测量工具：

人的体型大致分为肥胖、瘦弱和中等三种。最常用的检测方法是计算肥胖指数。

肥胖指数的英文简称为BMI，世界卫生组织（WHO）公布的BMI计算公式为：

BMI＝体重（千克）除以身高（米）的平方

BMI＜18.5为消瘦

BMI 在18.5～24.9为正常

BMI ≥ 25为超重

BMI在25～29.9为一级肥胖

BMI在30～34.9为二级肥胖

BMI在35～39.9为三级肥胖

BMI≥40为四级肥胖

另外，体型健美与否，除了检测肥胖指数，还可以检测胸腰比例及腰臀比例，下面的数据界定了男子健美形体的标准：

◎健美体型的胸腰比

理想的胸腰比应该是：

1.50＜胸围度（厘米）/ 腰围度（厘米）＜1.60

◎健美体型的腰臀比

理想的腰臀比应该是：

腰围度（厘米）/ 臀围度（厘米）=0.80

□ 身体素质测试

上梯心肺功能测试法

自测方法 利用高度约为20厘米的台阶，连续上40次台阶来进行测试。速度要比平时走路快些，所用的时间一般在40~50秒钟。然后根据自身的感觉来判断，是“轻松”还是“吃力”。

测量鉴定 如果感觉“轻松”就说明心肺功能很不错，证明你的心脏很“强”；如果感觉“吃力”就说明心肺功能较差，要强化身体的综合练习了。

腹肌耐力测试法

自测方法 仰卧在床上，将脚跟抬离床，然后将膝盖弯曲成90°，把手放在头部太阳穴处，两只胳膊向内收起，并使上身坐起。

测量鉴定 数一数自己在30秒钟内能做多少次，次数越多就说明你的腹部肌耐力越强，反之腹部肌耐力越弱。

腰部肌肉耐力测试法

自测方法 将双脚朝前伸直双腿坐下，在保持躯干没有前倾后仰的基础上，将双臂举起，然后看一下自己能否坚持30秒钟不动。

测量鉴定 若30秒钟都没坚持住，说明你要加强腰部肌肉练习了。

心率测量法

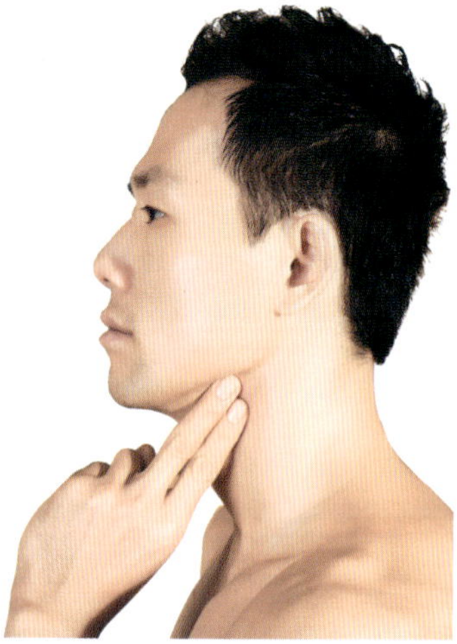

颈动脉测量法

自测方法　左手食指和中指轻轻压在咬合肌穴位即可。用30秒钟的时间来计算心脏跳动的次数，然后乘以2，等于1分钟心脏跳动的次数。

测量鉴定　健康心率为60～100次/分，有运动史的为60～77次/分，运动员的为48～55次/分。若低于60次/分的常人，为心动过缓；若高于100次/分为心动过速。

桡动脉测量法

自测方法　用左手的食指轻压在右前臂的前端桡侧的位置即可。

测量鉴定　用30秒钟的时间来计算心脏跳动次数，然后乘以2，等于1分钟的心脏跳动次数。

健康心率为60～100次/分，有运动史的为60～77次/分，运动员的为48～55次/分。若低于60次/分的常人，为心动过缓；若高于100次/分为心动过速。

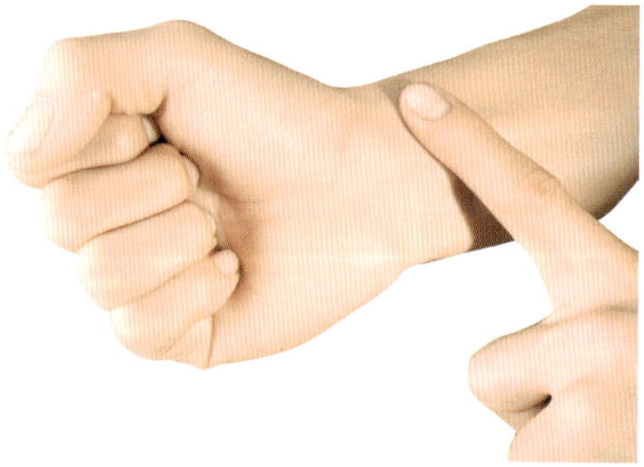

利用仪器检测身体状态

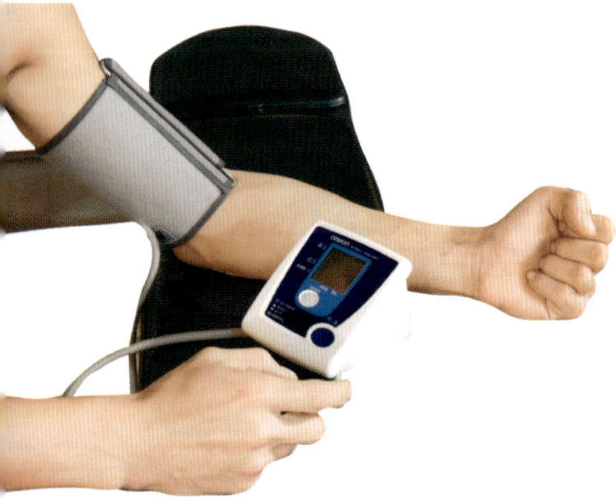

血压仪

作用　血压仪是最简单的心率和血压的测量仪，在早上起床后测量更为精确。

自测方法　空腹测量，将袖带套于左上臂，握拳。注意袖带的位置最好与心脏的位置保持水平。

测量鉴定　收缩压（简称高压）、舒张压（简称低压）

理想血压 120～80 毫米汞柱

正常血压 130～85 毫米汞柱

正常高限收缩压为 130～139毫米汞柱；舒张压为 85～89 毫米汞柱

坐姿腿屈伸器

作用 此器械可以测试身体的柔软度，更好地了解身体的腰部和腿筋状态。

自测方法 双腿伸直，腹部收紧，双臂尽量向前伸展。

测量鉴定 若双手指尖可以接触最近端的量尺，为及格；若双手指尖接触到木板为良好；若可以做到如图中所示为优秀。

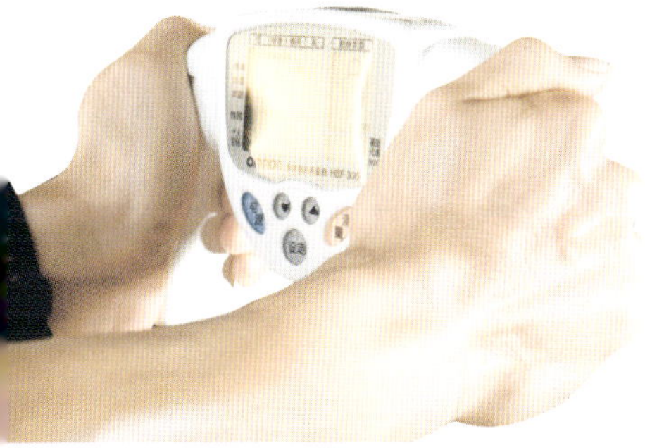

体脂测试仪

作用 可以测试出身体脂肪的比例、脂肪分布位置，在早上起床后测试更为准确（各大医疗仪器店有售）。

自测方法 先按仪表内容输入身体数据，然后双手微微握紧手柄。

测量鉴定 若提示皮下脂肪数值在5%~13%，则为标准；低于5%为偏瘦；13%~20%为轻度肥胖；高于20%为重度肥胖。

3. 热身那些事儿

健身先热身，这是人所共知的运动原则，但是大部分人仅仅是对热身“略懂”而已，对于什么是热身、热身对健身有什么帮助、如何进行热身这些问题，很多人其实并不清楚。这就很容易导致一个很普遍的问题：我们健身时想“热”就“热”，不想热身时就直接开始健身。这样，不仅会影响我们的运动效果，还会对我们的身体造成损伤。所以，我们有必要对热身有一个清醒的认识。

□什么是热身

热身运动也叫准备活动，是指在正式健身运动之前，采用短时间低强度的动作，让接下来的健身运动所需要的肌肉群先行收缩活动，从而增强局部和全身的温度，促进血液循环，帮助身体的各个系统（如心脑血管系统、神经系统、呼吸系统及骨骼关节系统等）逐步适应即将进行的较剧烈运动，以预防运动伤害的发生。

□热身对健身有什么帮助

◆逐渐提升身体的温度，使处于休眠的身体受到轻微刺激。身体的温度升高有利于加快神经传导速度，降低肌肉黏滞性，提高肌肉的伸展性和弹性。

◆加速心脏的收缩，提高心脏搏血量，加快血液循环速度，为肌肉开始工作做好充分准备。

◆改善肌肉协调能力，增加肌肉收缩的速度和力量，同时预防或者减少肌肉与肌腱韧带的伤害。

◆热身运动后，血管壁的阻力减少，血红素与肌蛋白结合和释放氧的能力增强，呼吸系统得到调节，从而适应运动时身体对氧气的需求。

◆热身运动能够让情绪变得积极愉悦起来，心理上有所准备就能够精神饱满地面对接下来的剧烈运动。如果不做热身运动，就有可能引发精神突然紧张或情绪慌乱等不良心理反应。

□热身效果与出不出汗无关

很多人认为热身运动一定要出汗，这样才能够达到伸展肌肉的效果，其实，出不出汗不能用来衡量热身运动是否有效。每个人的汗腺不同，活跃型汗腺的人稍微运动就会出汗，而保守型汗腺的人也许做了半天大量的运动也没有出汗，这与遗传有关。热身是为了适应后续的锻炼，有利于运动时候的拉伸，以免造成损伤，并不要求热身就一定要出汗。

□充分热身的标准是什么

具体来说，热身时间应该占运动总时长的10%～20%。例如，进行1小时的锻炼，热身时间应该在6～12分钟。依据年龄、竞技或非竞技、运动项目、体质差异、季节及气温不同，热身运动所需的时间也会不同。一般来说，身体微微出汗，便可以结束热身运动，也可用心跳次数作为热身运动结束的标准。热身运动时的心率达到最大运动心率的60%～70%即可。

两种心率计算公式：

最大运动心率换算法：220－年龄＝最大心率

最佳运动心率换算法：（最大心率×60%）～（最大心率×80%）

□快速有效的热身动作

热身时，我们应该充分活动全身各个部分，包括身体各部分肌肉群以及各部分关节。较好的热身方式是拉伸和热身操，通过这些运动可以充分拉伸身体各部分的关节和肌肉。另外，深呼吸、变速跑、向上跳起、高抬腿、踢腿、甩手等，都能够帮助自己热身。以下是我给大家推荐的身体各部分的热身运动：

热身方法

Step 1 左右转身：双脚大跨步分立，双手抱头，上体向左右两侧旋转，双脚固定不动。

Step 2 腰部背部伸展：双脚大跨步分立，双手手臂伸展，弯腰，右手尽可能抓左脚脚面，左手手臂上举。换另一侧重复该动作。

Step 3 弯腰抬腿：左腿独立，右腿抬离地面，伸直与地面保持水平，弯腰，双手抱右脚，左脚伸直。换另一侧重复该动作。

Step 4 后正压腿：将脚向后迈出两大步，重心压到两腿之间，让双腿内侧有伸展的感觉。

Step 7 伸展小臂、手腕：直立或者跪坐，一手向前伸直，掌心向身体前方，然后用另一手握住该手并拢的四指做拉伸状。

Step 5 侧压腿：单脚向前迈出一大步，身体保持挺直，臀部向后降低，后腿伸直，保持10秒钟。

Step 6 肩部伸展：身体直立，双脚打开与肩同宽，左手臂伸直横过胸前，向右伸展，右臂向上弯曲，扶住左臂靠近肩膀的位置，双臂呈十字形。

PART 03

健身先生

教你打造强有力的手臂

强壮而有力的臂膀，是男人力量的象征，
发达而又明显的臂部肌肉线条不仅让人羡慕，
还能给人带来安全感。

最简单易行的锻炼方式，
让你快速燃烧掉手臂上的多余脂肪，
让你的手臂肌肉犹如
大力水手吃完菠菜后一样地爆发出来，
还等什么呢？一起来吧！

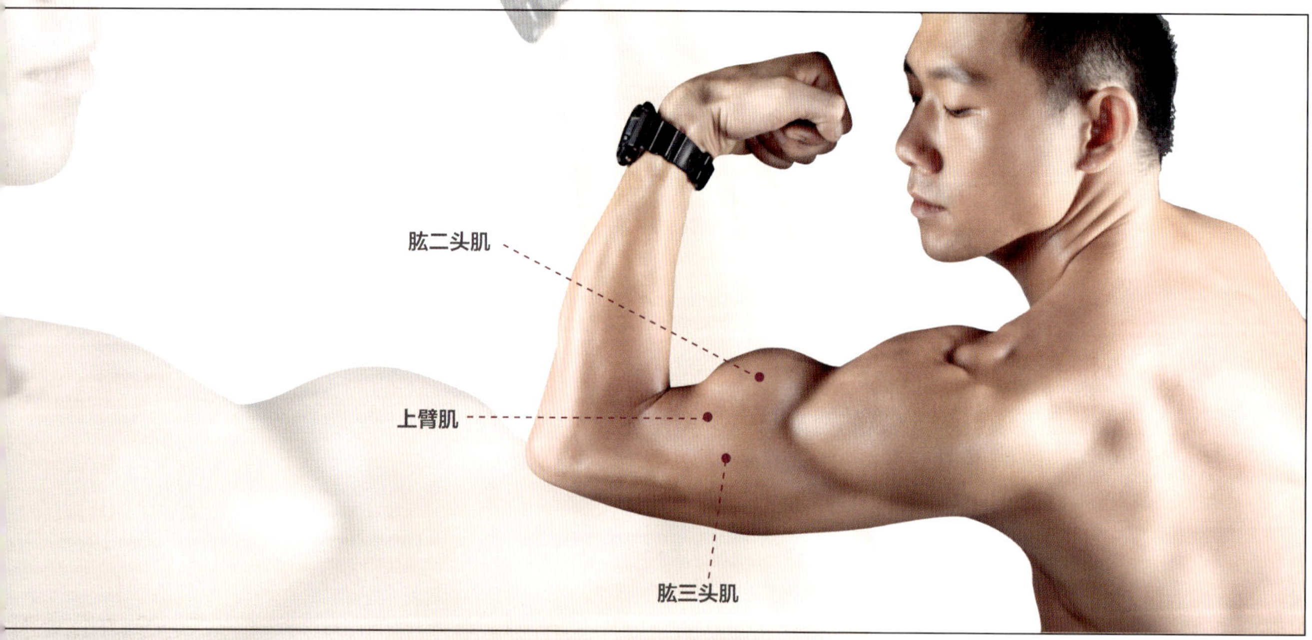

臂部肌肉群的肌肉组织数量多且分布复杂，主要由上臂肌群和前臂（前群）肌群等组成。上臂肌群主要由前群的肱二头肌、肱肌等和后群的肱三头肌、肘肌等组成。前臂肌肉群也有前群肌肉和后群肌肉之分。

肱二头肌位于上臂前面的皮下，有一长一短两个头。长头起于肩胛骨的盂上粗隆，短头起于肩胛骨喙突。

肱二头肌的功能是弯曲肘部，掌心向上、放下前臂，使前臂向前弯曲至肩部。肱二头肌体积虽然较小，但是想要练到一定水平必须进行大运动量的训练，在一定组数内尽量加大运动负荷，这样才能最有效地增强肱二头肌，使之与其他发达肌群的比例协调。

肱三头肌由三块肌束组成，即长头肌、外侧头肌和内侧头肌。肱三头肌位于上臂后面的皮下，其中长头肌是从肩胛骨盂下粗隆开始的，内侧头肌是由肱骨内侧下方开始，外侧头肌是由肱骨后外侧上方开始。

肱三头肌能够使前臂在肘关节处伸展，使肩部内收。

轻轻松松，露出臂部真实“面目”

本节适用人群	希望通过运动调节身心和保持身体健康的人士
本节锻炼功效	本节主要是舒活你的筋骨，通过简单的动作有效刺激手臂肌肉群，减掉手臂上和身体其他部位的多余赘肉，让你的手臂肌肉露出“庐山真面目”，增加手臂肌肉含量，防止手臂出现“拜拜肉”“蝴蝶袖”等
本节运动强度	可以选择每周3次，一次30分钟左右
本节器材选择	初级锻炼者可以选择徒手或者轻重量的哑铃进行锻炼，哑铃重量为可连续上举20~25次，感觉接近极限为宜

1 直腿俯卧撑

简易组合动作一

锻炼目标	手臂肌肉群、肩部肌肉群、腰腹肌肉群
锻炼效果	本组动作主要是通过活动肌肉来加强手臂和肩关节力量、燃烧腰腹脂肪、增加腰部力量，为接下来要进行的其他大阻力动作打下坚实基础
锻炼组数	3~5组，每组8~10次

Step 1 身体俯卧，双手伸直，手掌撑地，双腿伸直，双脚脚尖撑地。

Step 2 屈臂，俯身，同时上臂夹紧躯干，身体保持一条直线，保持此状态 5 秒钟，恢复起始动作。

教练提示

注意每个动作速度要放慢，尽量感受肌肉力量，不要靠爆发力来完成动作。

2 屈膝俯卧撑

Step 1 屈膝跪在地上，双臂直立撑地，与肩同宽，两脚交叉。

Step 2 肘弯曲，同时收紧躯干，身体慢慢下压，降至最低点后持续 1 秒钟，然后伸直双臂，恢复原状，注意下落时吸气，撑起时呼气。

教练提示

动作中应控制起落速度，体重过重的人士要注意保护好腕关节。

温馨提示

运动中呼吸很重要

在力量训练中呼吸节奏应该与动作节奏配合起来，保证体内氧气供应充足，从而保证动作的完成质量。有一些特殊的动作，比如哑铃仰卧起坐呼吸方式就应该随之调整，坐起时呼气；躺下时吸气。每个人都要根据自身情况找到适合自己的呼吸方法。

3 皮筋单臂弯举

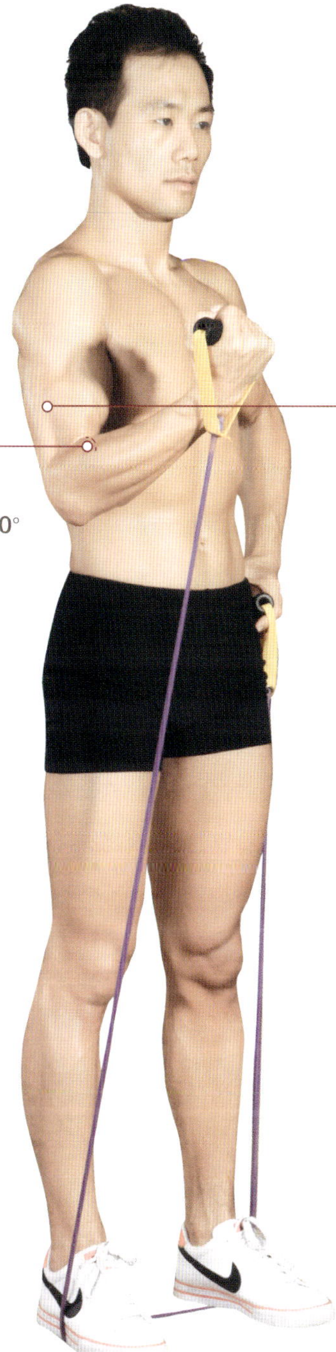

简易组合动作二

锻炼目标	手臂前侧肱二头肌、前臂肌肉群
锻炼效果	手臂弯曲的时候会有一块凸起的肌肉，那是男人力量的象征，要是长期不运动，上面有的不是肌肉，而是浑圆的“肥肉”。本组动作主要是让你快速燃烧手臂的多余脂肪，增加手臂肌肉含量，增加上臂前侧肌肉力量，让肱二头肌以及手臂其他肌肉群变得清晰可见，使手臂有线条美感
锻炼组数	3~5组，每组8~10次

Step 1 双脚分开站立踩在皮筋中间，两脚之间相隔与腰部同宽。左手抓着皮筋的一端，左手肘弯曲置于左侧，右手抓着皮筋另一端，右手臂弯曲，拳心朝内。

教练提示

动作进行时保持身体稳定性，感受目标手臂的反应。目标手臂弯曲时肘关节小于60°，放下时注意控制速度，但伸直的角度要小于180°。

温馨提示

健身计划要与时俱进

在健身过程中，计划没有变化快的现象经常发生，不能死守着一份计划月月用、年年用，随着健身时间的增加、过程的深入，健身者的身体素质也在不断提高，所以健身计划也要与时俱进，对于旧计划一旦感到厌烦或没有达到预期效果，就要重新修订计划，适时调整战略部署，才能够在健身战场上打一场漂亮的战役。

4 坐姿旋臂

Step 1 坐在平凳上，身体保持直立，双脚打开与肩同宽，挺胸收腹，双手握住哑铃，双臂放于身体两侧。

教练提示

此动作过程中需保持腰身挺直、腹部收紧。动作进行时注意呼吸，吐气弯举，吸气放下，这样能更好地感觉目标肌肉的刺激程度。

Step 2 旋铃上举于眼眉高度，握铃手臂手掌心朝向面部，停顿 1~2 秒钟，吐气放下；另一只手紧握哑铃，保持静止状态；双脚用力使身体保持稳定不晃动，眼睛注意观察锻炼的手臂。

Step 3 保持坐姿不变，右手握哑铃上举，握铃左手放于身体一侧。其他要点和左手臂上举一致。

5 坐姿双臂弯举

Step 1 直坐在平凳上，保持腰背挺立，眼睛平视前方；双脚打开与肩同宽，双手握住哑铃，掌心朝向身体，双手手臂自然垂放于身体两侧。

Step 2 身体保持坐姿不变，上臂夹紧身体，前臂同时向上举起；上举同时旋转手臂，使掌心与面部相对；上举到达比肩稍高的位置时停顿 1~2 秒钟，匀速放下。

教练提示

此动作为简易动作，双臂同时弯举能更好地平衡双臂力量的锻炼，进行时一定要注意掌心方向。

在动作进行时，遵循发力吐气、放下吸气的原则；减少因手臂无力而借助身体的晃动来完成动作的现象出现。

6 俯坐弯举

Step 1 坐在凳子上，双脚打开比肩略宽，身体稍向前倾；一只手紧握哑铃，肘部靠在同侧大腿内侧靠近膝盖的位置；另一只手扶住另一条大腿，维持身体平衡。

Step 2 目标手臂的上臂支撑于大腿内侧不动，前臂慢慢向上弯举；眼睛注意着自己肌肉的变化，动作达到顶峰时肘关节夹角成 90° 左右。

教练提示

此动作适合中级水平健身者使用，动作的开始姿势一定要摆好，注意头部不能低于心脏，以免出现缺氧现象；发力时，上身可以稍稍向负重一侧倾斜，以协助用力。

注意控制目标手臂的稳定，减少身体晃动；动作进行中多观察目标区域肌肉变化，注意肌肉收缩时吐气，肌肉伸展时吸气。

温馨提示

➲力量训练与耐力训练相结合

正确的训练应该将力量训练与耐力训练相结合，因为如果单纯进行力量训练或单纯进行耐力训练，就会导致力量训练与耐力训练之间不能得到充分地休息，不但达不到新的训练效果，还会破坏原先的训练效果。要想保持肌肉的活力，健身计划应该张弛有度。

7 哑铃常规弯举

Step 1 双脚打开与肩同宽，双手紧握哑铃，呈对握姿势，双臂自然垂放于身体外侧；挺胸收腹保持身体的稳定，调整好呼吸。

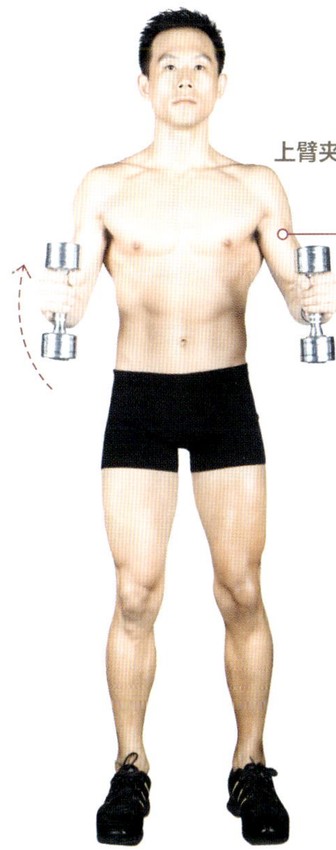

Step 2 保持站立姿势，上臂尽量夹紧背部，前臂慢慢向上弯曲。

侧面观： 前臂发力向上，使肘关节成90°即可，不必过大向上弯曲。

教练提示

在动作进行中，注意呼吸，发力时吐气，放松时吸气。用目标肌肉控制下落速度，减少出现自由落体现象。

在动作过程中保持身体的稳定，哑铃重量选择应由轻到重。

8 哑铃俯身臂弯举

Step 1 俯身，右手臂伸直支撑在平凳上，左手握住哑铃，手臂弯曲成 90°。

Step 2 左手臂在身体侧面伸直，与地面保持平行。换另一侧重复此动作。

简易组合动作三

锻炼目标	手臂后侧肱三头肌、肩部肌肉群
锻炼效果	手臂后侧是平时活动得比较少的地方，也是很容易囤积赘肉的地方，做下面的动作能有效刺激手臂后侧，甩掉手臂后侧滋生的“拜拜肉”，增加手臂肌肉含量，增加上臂后侧肌肉力量，让肱三头肌以及手臂其他肌肉群变得清晰可见
锻炼组数	3~4组，每组10~15次

教练提示

动作中上臂需夹紧躯干，进行肘关节的屈伸。同时稳定重心，不能将力量偏向支撑手臂和腿的一侧。

温馨提示

➲不要让汗水白流

我们经常会错误地以为运动只有大汗淋漓才算是真正运动了，其实不然，大汗淋漓只会让人心里感觉得到充分锻炼，但是实际效果却是体内一些水分白白流失了，并且出汗过多还会导致身体抽筋或者其他运动伤害，所以锻炼过程中最好适时补点水，让身体内的水分得到平衡。

Step 1 双脚分开站立，双脚间距为平时走路时一步半的距离，身体倾斜，挺胸收腹，腰背控制在一条直线上；负重手臂垂放于肩部下方，对握哑铃，掌心朝向内侧；另一只手臂撑于同侧大腿上，保持重心稳定。

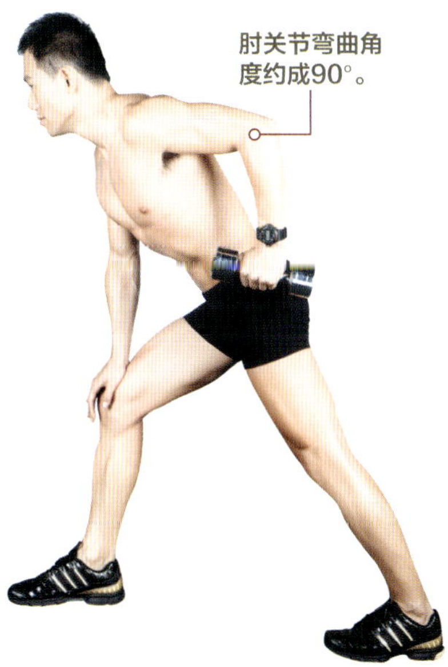

Step 2 身体姿势和负重前臂保持不变，上臂向躯干夹紧的同时向身后拉起，把肘关节固定在 90° 左右。

Step 3 对握哑铃，上臂保持夹紧，姿势不变，用力将前臂向后举起，在动作达到顶峰时前臂高度与上臂以及肩部保持水平，此时掌心朝向身体。

教练提示

1. 如图所示，掌心的方向可以选择练习，不同的握法偏重锻炼不同的部位：正握哑铃对肱三头肌的中部和内侧锻炼效果更明显，对握对肱三头肌外层刺激更大。

2. 动作进行过程中遵循发力时吐气，伸展肌肉时吸气的呼吸方式，保持身体稳定，避免出现前臂后举时身体外翻现象。

温馨提示

肌肉也会喜新厌旧

一遍遍做重复的动作而不来点新鲜的项目，肌肉就会因为“喜新厌旧”而产生惰性，每次练习时只能够刺激有限的肌肉纤维，并不能将身体所有肌肉都带动起来，这样训练效果并不全面，所以应该阶段性地更换动作，让肌肉有新鲜感，从多种角度锻炼肌肉，能够有效提高肌肉弹性、增强肌肉力量。

坚持一下，就能拥有强健有力的双臂

本节适用人群	希望通过健身运动减脂、塑形，让自己拥有型男好身材的男士
本节锻炼功效	男人的手臂是力量的象征，拥有强健有力的双臂也能让你更加自信。本节主要是通过一些负重锻炼的动作有效刺激手臂肌肉群，适当增加运动量和运动负重，能促进手臂肌肉群的肌肉快速增长，让手臂肌肉轮廓变得更加清晰，提高手臂肌肉的饱满度，让手臂变得更加圆润、有力
本节运动强度	可以选择每周3~4次，一次45分钟左右
本节器材选择	中级锻炼可以选择负重稍微重一点的哑铃，哑铃重量为能连续上举15~20次，直至接近体能极限为宜

中级组合动作一

锻炼目标	肱二头肌
锻炼效果	强力地刺激肱二头肌，紧致手臂肌肉，凸出轮廓线条；促进手臂肌肉的生长，让手臂前侧肌肉更加隆起，让手臂充满力量
锻炼组数	3~4组，每组10~15次

教练提示

此组动作的身体姿势一定要调整舒适，减少对其他部位的压迫。

1 斜托臂弯举

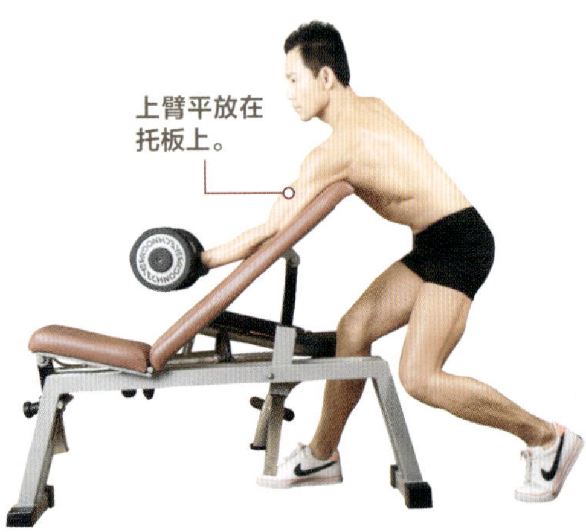

Step 1 单手握哑铃，将手臂平放在斜凳上，固定好躯干位置。

Step 2 手臂弯曲，向身体方向收起，成 90°。匀速缓慢地落回原位。换另一侧手臂重复此动作。

2 弯臂托举

Step 1 将身体固定在坐姿器上，双腿自然放于身体前方，双手反握握把，掌心朝内，手臂微屈。

Step 2 吐气，手臂向上弯举，收缩肱二头肌。

教练提示

动作中控制手臂起落的速度。选择适中的重量，避免手臂伸展下放时因负荷过重使臀部离开坐垫。

3 斜坐弯举

Step 1 身体斜坐在成45°夹角的平凳上，双脚打开比肩稍宽；双手正握哑铃，放于身体两侧，挺胸收腹，调整好呼吸。

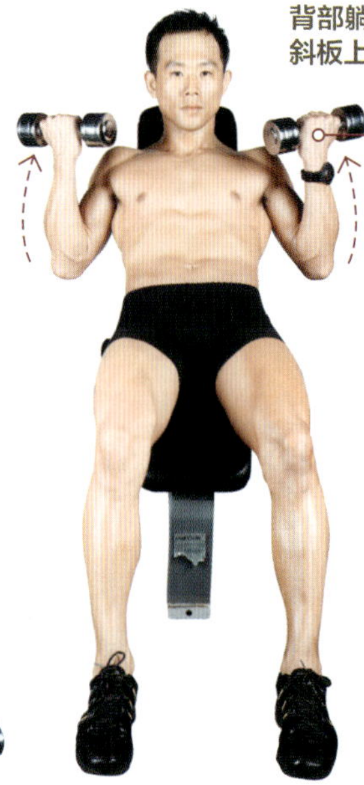

Step 2 两脚掌用力支撑地面，保持身体的稳定；双臂同时向上弯举，掌心朝向面部，哑铃到达与肩等高的位置，停顿1~2秒钟，匀速放下。

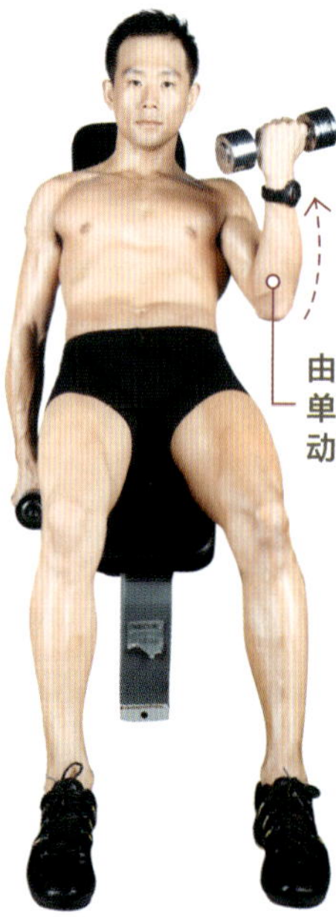

Step 3 保持双手弯举时哑铃姿势不变，转换为单臂交叉练习；右手紧握哑铃，自然垂于身体一侧，左手紧握哑铃，手臂向上弯举。

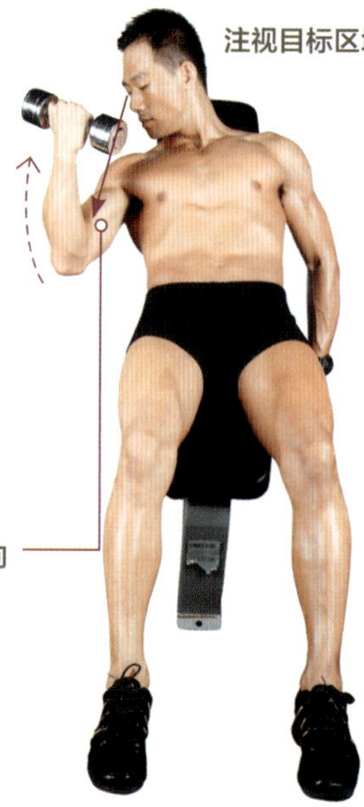

Step 4 身体姿势保持不变，右手紧握哑铃向上弯举，左手紧握哑铃自然垂于身体一侧；在动作进行到顶峰时，用眼睛来观察肌肉变化，让目标区域更加兴奋。

教练提示

1. 双臂同时进行时注意上臂始终保持固定不动；单臂交叉练习时上臂可以稍微向上抬起。

2. 双臂同时进行时，每组做10~15次；单臂交叉进行时，每组做20~30次。

3. 两种姿势进行锻炼时均需要注意身体的平衡，弯举发力时吐气，控制下落时吸气。

4 俯身弯举

Step 1 双脚打开呈八字形，脚间距略窄于肩，微微俯身，挺胸收腹，腰部和背部保持在一条直线上；双手紧握哑铃，掌心朝外，双臂垂于身体前方，手肘微微弯曲。

Step 2 保持姿势不变，双臂向上弯曲，掌心与面部相对，手肘大概弯曲成90°，停顿1~2秒钟，匀速放下。

错误动作：腰背没有挺直，出现含胸、驼背的现象，这样力量不完全由手臂来承受，锻炼效果会大打折扣。

教练提示

1. 动作进行中始终保持腹部收紧，同时减少上臂晃动，感受肱二头肌受力情况。

2. 练习时注意头部不要低于心脏，以免出现大脑供氧不足的现象，弯举时吐气，匀速下放时吸气。

温馨提示

➲健身最怕坏心情

当人心情不好、情绪低落的时候，最好不要去健身，很多人会采用运动去发泄坏情绪，但是这种做法有害健康。人的情绪会直接影响人体机能的正常发挥，进而影响心脏、肝脏及其他器官，坏情绪只会抵消运动带给身体的健康效果，甚至带来负面影响。

5 俯立臂屈伸

Step 1 双脚并拢站立，双腿微弯，上身向前屈体俯身；挺胸收腹，腰背挺直在同一水平线上；双手握紧哑铃；双臂自然垂于肩部下方。

中级组合动作二

锻炼目标	手臂肱三头肌
锻炼效果	强效刺激肱三头肌，紧致手臂肌肉线条；促进手臂肌肉的生长，让手臂前侧肌肉更加隆起，让手臂充满力量
锻炼组数	3~4组，每组10~15次

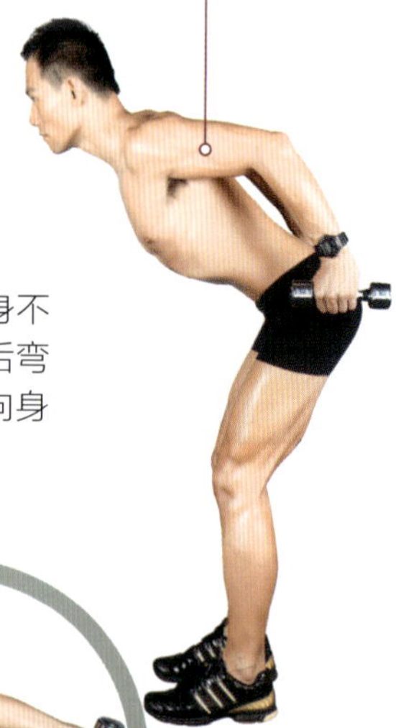

Step 2 身体保持俯身不变，手肘向后弯曲，前臂保持不变，将上臂向身体后上方抬起。

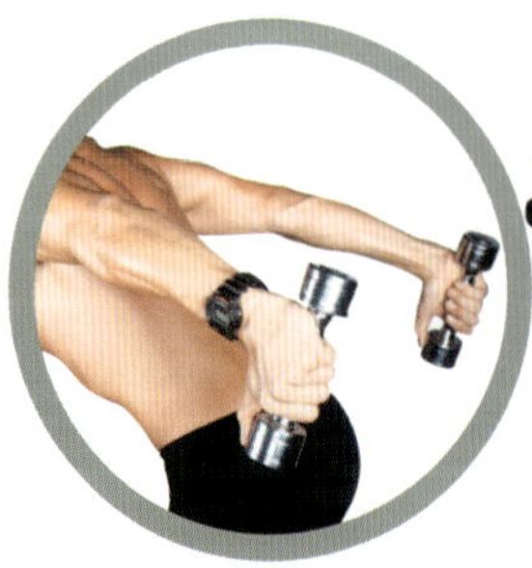

Step 3 上臂夹紧背部保持不变，前臂向后摆使上臂、前臂在一条直线上，停顿 1 ~ 2 秒钟，匀速放下。

教练提示

1. 运动过程中注意腰背保持挺直，动作节奏控制要慢落、快起，同时避免身体其他部位出现借力现象。

2. 动作进行时，发力向后摆臂时吐气，落下时吸气。

温馨提示

➲锻炼也要一心一意

繁忙的生活节奏让人在健身的过程中也很难一心一意地锻炼，经常看到有的健身者在跑步机上边跑步边看书或者是在单车上边骑边聊天，这样妄想两头兼顾的人根本就没有办法将身体锻炼好，因为干别的事情时会分散注意力，就没有办法将心思放在锻炼上，只有专心认真地锻炼，才能够锻炼出出色的身材。

6 坐式颈后臂屈伸

Step 1 坐在平凳上，双脚打开，平踩于地面，挺胸收腹，双臂上举，上臂夹紧头部，双手托住哑铃放于头部后方。

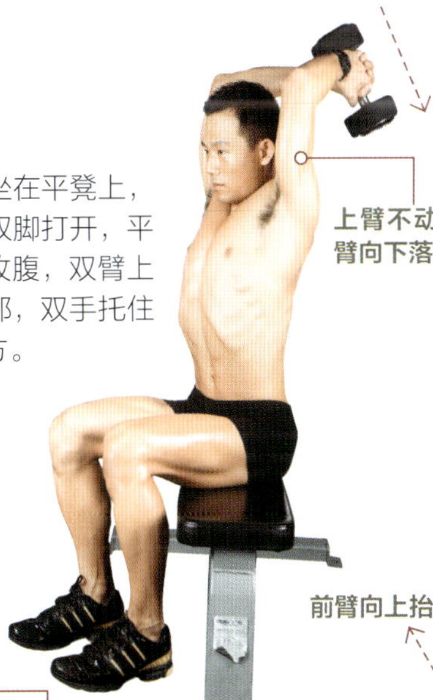

Step 2 在动作进行中，身体保持挺直，上臂夹紧头部，将前臂向下慢放。

侧面观：哑铃后放，肘关节的夹角控制在90°左右。

错误动作：身体没有固定住，双臂没有夹紧头部。

教练提示

1. 这个动作针对性比较强，一般锻炼两组就会有明显感觉，现在介绍的动作是双手颈后臂屈伸，还可以用单手练习。

2. 感受目标区域的肌肉收缩和伸展，动作进行中要遵循发力时吐气、肌肉伸展时吸气的方式。

7 站姿正握臂下压

Step 1 站在拉力器下，双腿分立，与腰部同宽，双手紧握拉力器。

教练提示

动作中始终保持躯干部位与绳索平行，上臂夹紧躯干两侧。

Step 2 双臂夹紧，绳索与身体保持平行，腹部收紧。

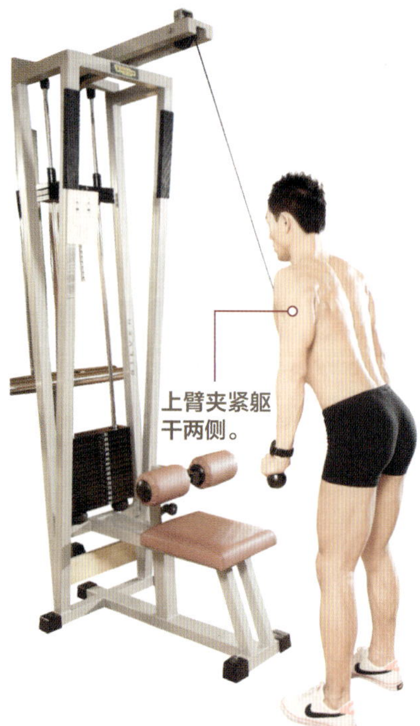

Step 3 用肱三头肌的收缩力量，将手臂伸直下压，同时缓慢吐气。然后慢慢还原至第 2 步姿势。

8 站式颈后臂屈伸

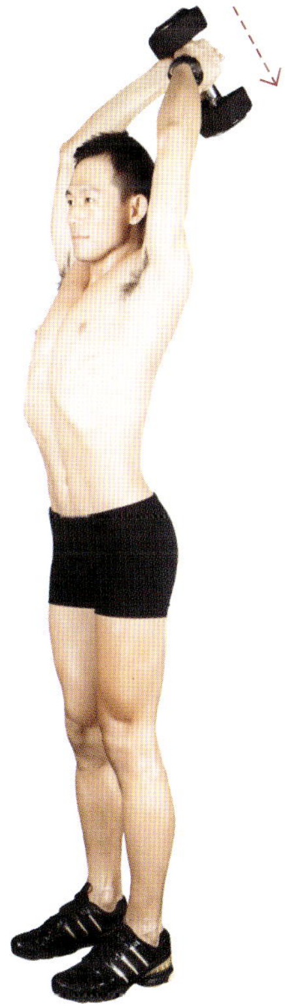

Step 1 双脚打开，间距略窄于肩，挺胸收腹，两眼平视前方；双臂上举于脑后，上臂夹紧，双手托住哑铃。

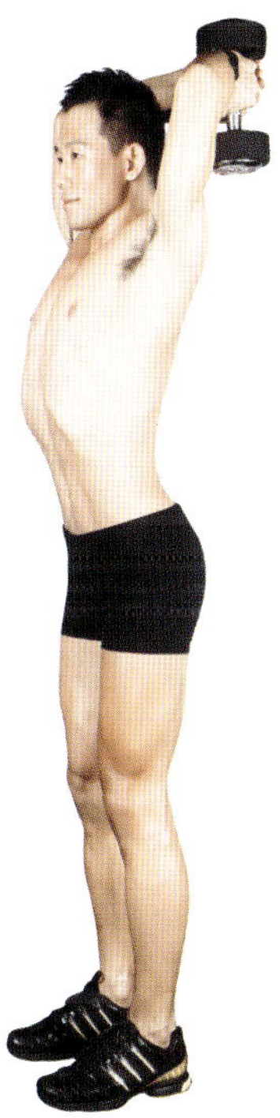

Step 2 在动作进行中，身体保持挺直，上臂夹紧头部，将前臂向下慢放。

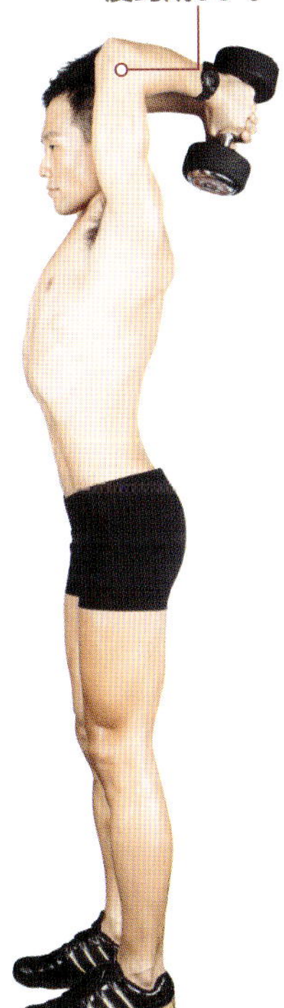

侧面观： 挺胸收腹，肘关节的夹角控制在90°左右。

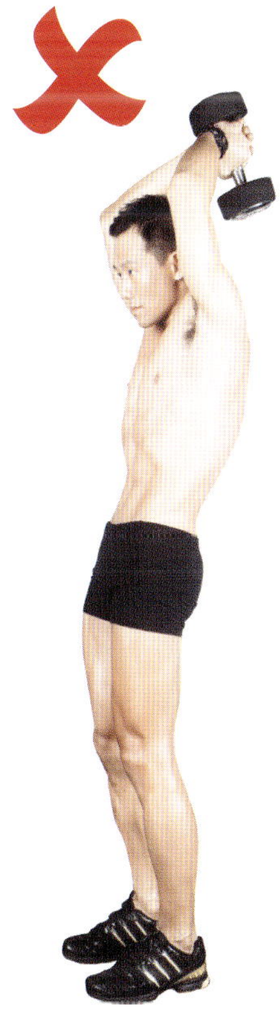

错误动作： 含胸挺背，上臂没有夹紧头部，达不到锻炼的效果。

教练提示

1. 运动过程中注意控制身体的稳定性，不要出现错误动作。

2. 感受目标区域的肌肉收缩和伸展，动作进行中遵循发力时吐气、肌肉伸展时吸气的方式。

9 正手臂弯举

中级组合动作三

锻炼目标	手腕及其他肌肉群
锻炼效果	通过以下这些动作的练习，能增强前臂肌肉力量，预防腕关节在承受大负荷时出现损伤；同时，对手臂、胸部和肩关节有更好的力量提升作用
锻炼组数	3~4组，每组10~20次

Step 1 双脚打开略窄于肩，直立，挺胸收腹，两眼正视前方；双手正握哑铃，掌心朝向身体后方，双臂微微弯曲，自然垂于身体两侧。

Step 2 站立姿势不变，上臂保持不动，前臂向上提起，肘关节夹角成 90° 左右。

双手掌心向下。

教练提示

1. 运动中保持正握姿势，保持身体重心的稳定，注意自己掌心方向，掌心方向不同，身体肌肉的受力位置也不同。

2. 动作进行中遵循发力时吐气、肌肉伸展时吸气的呼吸方式。

10 双手重提

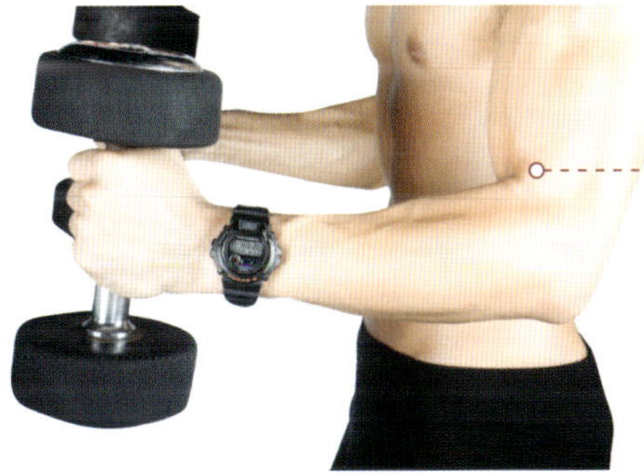

保持在90°左右。

Step 1 身体保持直立，挺胸收腹，双手对握哑铃，双臂夹角成 90° 左右，保持上臂夹紧背部。

Step 2 保持上臂夹紧背部，双手下放时伸展前臂、手腕放松。

发力时将手腕收紧。

Step 3 手腕收紧，发力时将前臂上举恢复到起始姿势。

教练提示

1. 运动中保持正确的运动轨迹，控制上臂和身体固定不动，因为人疲劳后，运动姿势很容易变形。

2. 动作进行时注意目标肌肉的收缩和伸展，遵循发力时吐气、肌肉伸展时吸气的呼吸方式。

温馨提示

➲腿脚抽筋，大都是钙、镁惹的祸

有时候运动过后会出现腿脚抽筋现象，这时并不全是因为运动超负荷造成的，很可能是钙、镁营养不足惹的祸。钙和镁参与人体神经的传导，大量运动后很容易造成钙和镁缺乏，从而影响神经的传导，出现腿脚抽筋现象。

成年男子每日钙的需求量是 1000~1800 毫克，镁的需求量是 350 毫克。在食物里面，牛奶、豆制品是补充钙的最佳来源，而绿色蔬菜中的镁比较充足，也较容易吸收，海鲜、坚果中也富含丰富的镁元素。

11 腕弯举

Step 1 （正手）自然下蹲，前臂托放于平凳上，双手正握哑铃，掌心向下，双手自然下垂，上身放松。

Step 2 手向后发力时伸手腕，停顿1~2秒钟，然后放松还原。

Step 3 （反手）基本动作与正手弯举一样，注意掌心方向不同。

Step 4 发力时伸手腕，稍微停顿，然后还原放松。

教练提示

1. 前臂要完全放于平凳上，在动作进行时避免出现抬离现象。

2. 动作进行中，注意控制动作的节奏，遵循发力弯举时吐气、放松下落时吸气的呼吸方式。

打造明星教练般的双臂肌肉线条

本节适用人群	喜爱运动和对身材有特殊需求的健身健美达人
本节锻炼功效	本节主要通过标准的动作强效刺激手臂肌肉群，使用大负荷的重量进行练习，加快身体的新陈代谢，帮助消耗更多的脂肪，促进手臂肌肉的增长，增加手臂肌肉围度，从而达到完美臂部线条的目的
本节运动强度	可以选择一周三分化的训练模式，每个部位一周练习两次，一次20~30分钟
本节器材选择	高级锻炼可以选择负重稍微重一点的哑铃等器械进行锻炼。哑铃等器械重量选择为连续上举8~10次接近极限为宜

高级组合动作一

锻炼目标	肱二头肌
锻炼效果	本组动作主要是针对手臂前侧肱二头肌，能有效刺激肱二头肌，增加手臂力量，使手臂肌肉线条更加有形；增大肱二头肌的肌肉围度，让肌肉更加饱满，让上臂看起来更有线条感
锻炼组数	3~5组，每组8~10次

1 直立双臂弯举

Step 1 双脚打开与肩同宽，挺胸收腹；双手紧握哑铃，掌心朝向身体前方，双臂微弯垂于身体外侧。

教练提示

1. 此动作为上臂肱二头肌的入门动作，练习时应稳住身体的重心，感受目标肌肉的收缩与伸展。
2. 遵循发力弯举时吐气、放下还原时吸气的呼吸方式。

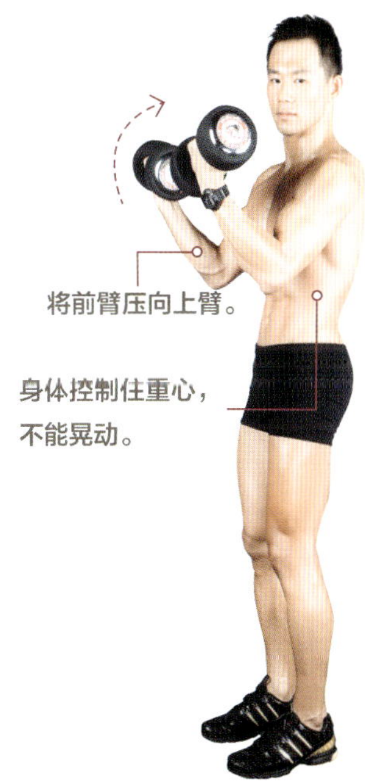

Step 2 保持站立姿势，双手手臂同时向上弯曲，将前臂压向上臂；上身保持稳定不晃动。

2 哑铃悬臂

Step 1 双脚微微打开，身体保持直立，两眼平视前方；挺胸收腹，双手紧握哑铃，掌心相对，双臂自然垂于身体两侧。

教练提示

此动作为训练肱二头肌的高级动作，进行前选择合适自己的重量，可以适当加大力度来练习。

Step 2 保持站姿不变，握铃的左手手臂弯曲上举，掌心由身体内侧转向面部，右手手臂保持不变；哑铃上举与眉骨平齐，停顿1~2秒钟，匀速放下；在锻炼过程中，眼睛注视目标区域的肌肉变化。

Step 3 动作和左手手臂上举相似，换成左手手臂保持不变，右手手臂上举；弯曲手臂肘关节夹角成 90° 左右；左右交替为一次。

3 仰卧臂弯举

高级组合动作二

锻炼目标	肱三头肌
锻炼效果	对肱三头肌进行强有效的刺激，拉长手臂肌肉纤维，增加手臂后侧肌肉围度，让你的手臂变得更加粗壮，双臂线条更加明显
锻炼组数	3~5组，每组8~10次

教练提示

动作中核心部位收紧，腰部微微弓起一掌的高度。上臂与躯干的角度固定不动，只是进行肘关节的屈伸。

Step 1 仰卧在平凳上，双腿屈膝，双手臂伸直，握住杠铃，两手距离与肩部同宽。

Step 2 双臂弯曲成 90°，保持此动作 1 秒钟，然后吐气匀速向上举起恢复到起始动作。

PART 04

健身先生

教你打造浑厚的肩部

“男人也需要很多面”，
记得七匹狼男装有句广告词如是说。
但要是自身没有好的身材，
那么再好的服装穿在你身上也会让人感觉别扭。
不要着急，李宁曾经说过：
“一切皆有可能。”

简单、有效、快速的塑身方式，
能让你轻松解决这一烦扰。
像乔·卡特那样无与伦比的肩部，
你，也可以拥有。

肩部肌肉分布于肩关节周围，起于上肢带骨，跨越肩关节，止于肱骨。它是一块羽状肌，分前束、中束、后束三束，起点分别是锁骨外侧、肩峰、肩胛骨的肩胛冈，止点为肱骨的三角肌粗隆。

肩部的肌肉主要由三角肌与斜方肌组成。

三角肌位于肩部皮下，是一块呈“倒三角形”的肌肉，由前束、中束和后束的肌纤维组成，它形成了肩膀的膨隆外形。三角肌两侧肌纤维呈梭形，中部纤维呈多羽状，三角肌虽然体积小，但是具有很大力量，其功能是使上臂屈、内旋、外旋和外展。

斜方肌位于颈部和背部的皮下，一侧呈三角形，左右两侧相合构成斜方形。斜方肌发达是健、力、美的标志，其主要功能是使肩胛骨上提、上下转动并内收，使头部和脊柱伸直。

锻炼出结实的肩部肌肉，让你不再担心今后穿西装肩膀垫不起来，也不会让你的另一半在靠着你的肩膀时感觉不舒服、缺少安全感了。

舒缓肩部，让你的肩部更加灵活

本节适用人群	希望通过运动调节身心和保持身体健康的人士
本节锻炼功效	本节主要是针对锻炼肩部深层肌肉，能有效地改善肩部劳损情况，是上班族很好的保健锻炼方式；能缓解你的肩部疲劳，消除“高低肩”“五十肩”等问题，通过简单的锻炼动作能增加你的肩部肌肉力量，燃烧肩部多余脂肪，让肩部变得更有肌肉感
本节运动强度	可以选择每周3次，一次30分钟左右
本节器材选择	初级锻炼可以选择徒手或者轻重量的哑铃等器材进行锻炼，哑铃等器材重量为能连续上举15~25次，感觉接近极限为宜

简易组合动作一

锻炼目标	手臂肌肉群、肩部肌肉群、腰腹肌肉群
锻炼效果	下面一组动作能很好地改善身体灵活性，是对身体的综合性练习，对手臂、肩部、腰部、腿的后侧都有很好的减肥效果
锻炼组数	3~5组，每组8~10次

教练提示

此动作为复合动作，按锻炼时常规呼吸方式即可。体重较重人士应控制好动作速度、幅度，避免出现跌倒、失去平衡的现象。

1 俯身撑地后站起

Step 1 身体直立，挺胸收腹，双眼直视前方。

Step 2 双手撑地。两腿同时向后蹬出，身体呈一条直线。

Step 3 腰臀向中间上方用力收缩弓起，保持3秒钟。

Step 4 双腿同时收回至胸前，起身站立，回到起始动作。

2 皮筋拉举

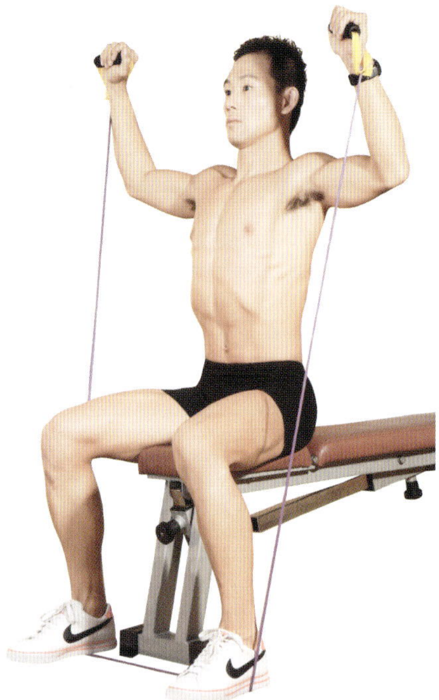

Step 1 坐在平凳上，收紧核心肌肉，双脚分立，踩在皮筋的中间部分。双手屈臂成 90°，握住皮筋的两端。

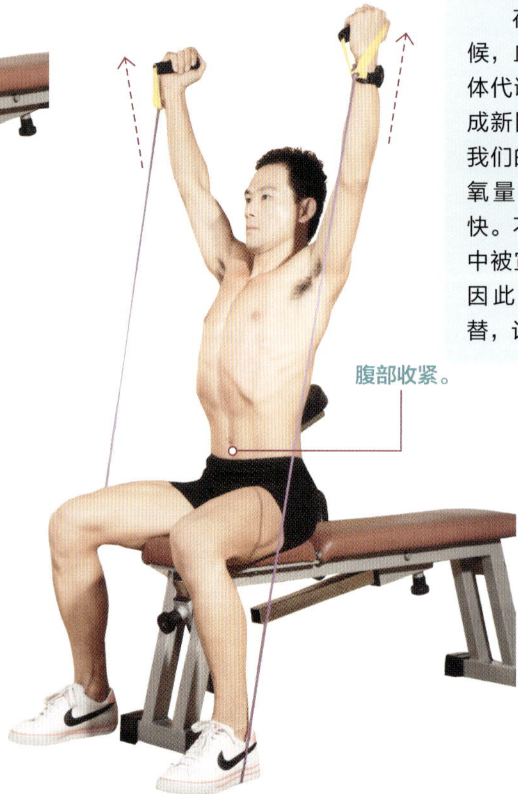

Step 2 双手手臂高举，保持此状态 5 秒钟。重复该组动作。

教练提示

注意放慢每个动作的速度，尽量感受肌肉力量，不要靠爆发力来完成动作。

温馨提示

有氧运动让你变得更聪明

在做有氧运动的时候，血流速度会加快，身体代谢系统会更畅快地完成新旧更替，更重要的是我们的精神会因为身体含氧量的增高而感觉更愉快。不仅能让压力在奔跑中被宣泄，脑力劳动也会因此形成良好的转换更替，让大脑更聪明。

3 哑铃坐姿前平举

简易组合动作二

锻炼目标	三角肌前束肌肉
锻炼效果	针对三角肌前束肌肉的动作，能有效减去肩部前侧的脂肪，快速将三角肌前束塑形，增加三角肌前束肌肉力量，缓解肩带肌肉劳损
锻炼组数	3~5组，每组8~10次

教练提示

1. 此动作为初级动作，练习过程中保持挺胸收腹，控制好身体重心，尽量减少腰部压力，减少因挥臂惯性引起的身体后仰和晃动。

2. 吐气，发力向上弯举；吸气，控制匀速放下。

Step 1 坐在平凳上，双脚平踩地面，挺胸收腹，两眼平视前方；双手正握哑铃，掌心朝向身体，双臂微弯，垂放于身体两侧。

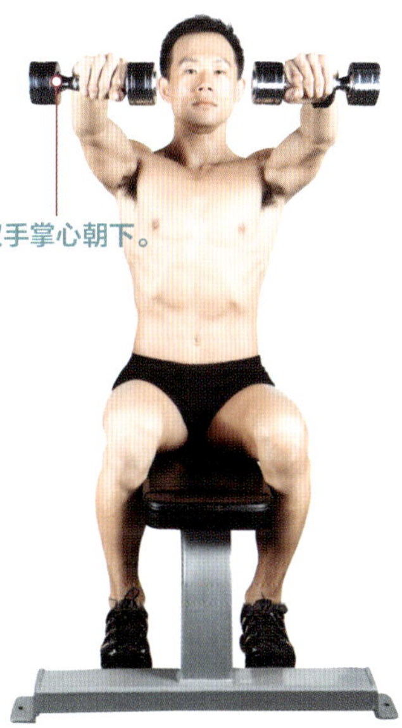

Step 2 保持挺胸收腹，直起双臂，将哑铃向前举起，手肘与肩部水平，手腕略高于肩部。

Step 3 动作与哑铃正握姿势相同，但握铃方式需改为对握，双手掌心相对。注意，哑铃举起时高度不要超过头部。

4 哑铃推举

Step 1 直立，双脚打开与肩同宽，两眼平视前方；双手紧握哑铃，掌心相对，双臂微弯放于身体两侧。

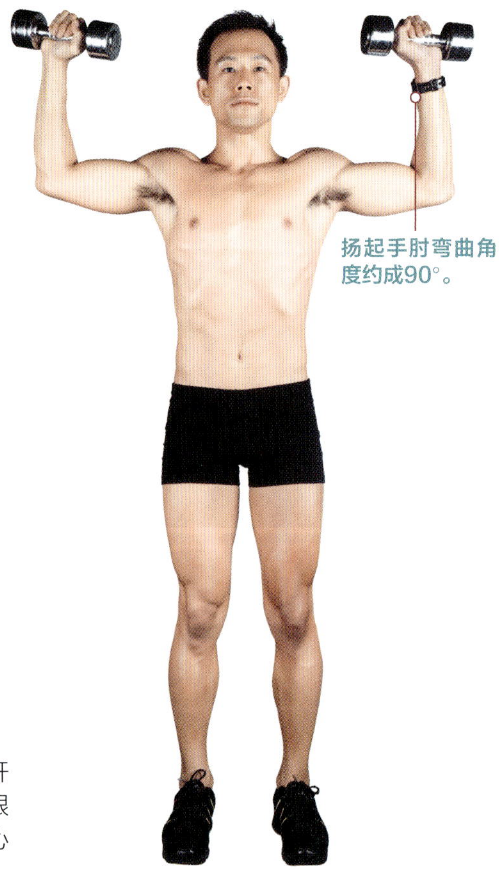

Step 2 保持站姿不变，手臂向上弯举，掌心向前，手肘与肩部保持水平。

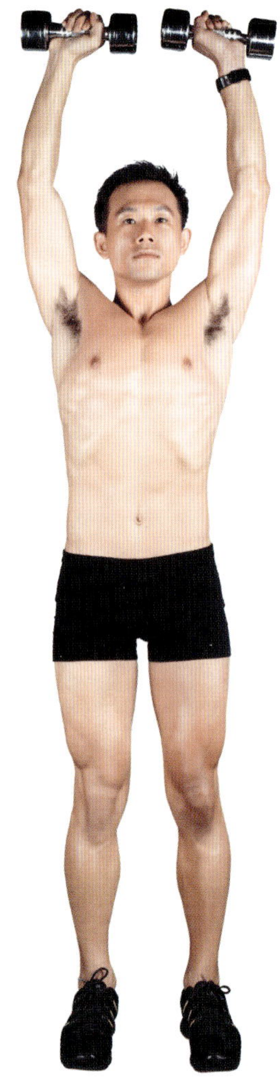

Step 3 双臂继续上举，上臂向头部收拢夹紧，将哑铃举于头顶，停顿1~2秒钟然后放下。

教练提示

1. 动作进行过程中保持挺胸收腹，哑铃举到最高处时可以轻轻碰触来控制重心，从而保证身体不晃动。

2. 发力向上弯举时吐气，控制匀速落下时吸气。

5 哑铃站姿提拉

简易组合动作三

锻炼目标	三角肌中束肌肉
锻炼效果	针对三角肌中束肌肉的练习动作，能加强三角肌中束力量，让肩部肌肉变得更加饱满，双手平衡练习，能消除“高低肩”等症状
锻炼组数	3~5组，每组8~10次

Step 1 双脚打开，前后站立，后脚脚跟立起，脚掌撑地，腹部保持收紧；双手正握哑铃，掌心向下，双臂上提，将哑铃放于胸部下方位置。

哑铃高度略高于胸部中束位置。

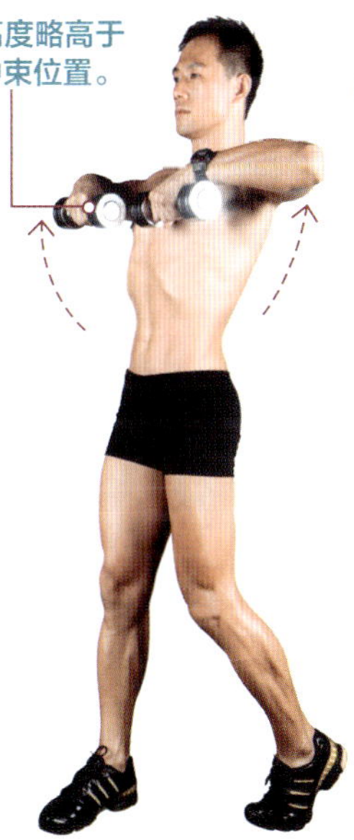

Step 2 发力将哑铃提起至略高于胸部中束位置，停顿1~2秒钟控制匀速落下。

注意，双手握紧哑铃。

Step 3 还可以换用双手提拉一只重量较重的哑铃来练习这个动作，动作要领与双手持哑铃提拉一样。

教练提示

1. 前后站立时，身体重心控制在两脚之间，上提时，保持挺胸收腹，控制身体不要晃动。

2. 吐气，将哑铃提起，在胸前停顿1～2秒钟；吸气，匀速放下哑铃。

温馨提示

爱上牛肉有道理

当你听说牛肉被尊为增长肌肉饮食计划中最重要的一部分时，以前喜欢吃牛肉的你一定欢喜不已吧？要想健身效果好，就得经常吃牛肉。牛肉富含肌氨酸、蛋白质、钾、锌、镁、维生素 B_6、维生素 B_{12}、肉毒碱、结合亚油酸、丙氨酸等能够帮助人体健身取得成效的营养成分，当然，牛肉多种多样的食用方法也能让你在健身的同时大饱口福。

6 阿诺推举

Step 1 双脚分开站立，脚间距略窄于肩，双手紧握哑铃向上举起，掌心朝向面部，手臂弯曲角度成90°。

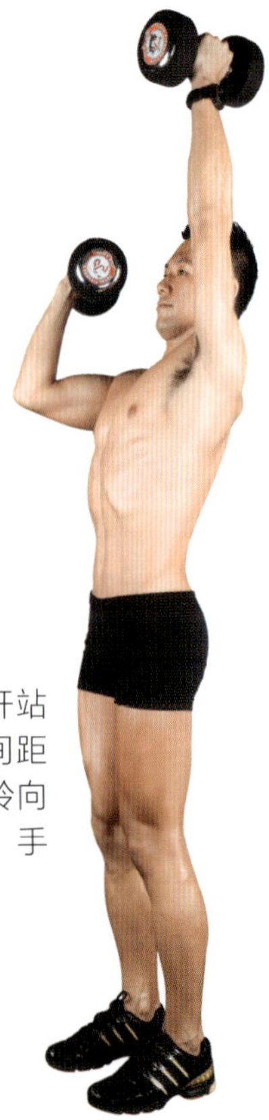

Step 2 左手向上尽可能高地推举，上举时转动手腕，掌心由朝向面部改为掌心朝向身体内侧，右手姿势保持不变。

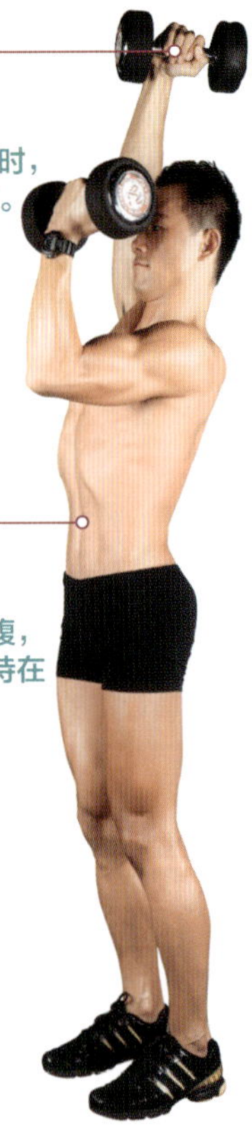

Step 3 左手臂收回恢复至起始状态，换右手臂转腕上举。

教练提示

1. 此动作为高级动作，选择哑铃时应该选择合适的重量，动作进行过程中避免因动作幅度过大引起身体晃动。

2. 动作中应保持挺胸收腹，控制发力让动作保持匀速，不能因为手臂力量不均衡出现或快或慢的现象。

3. 吐气时，发力手臂上举；吸气时，发力手臂弯曲下落，随后吐气并举起另一只手臂。

7 站姿推墙

简易组合动作四

锻炼目标	三角肌后束肌肉
锻炼效果	加强手臂后侧力量，还能加强三角肌后束力量，让三角肌前、中、后束力量平衡发展，让你的肩部肌肉线条更加明显
锻炼组数	3~5组，每组8~10次

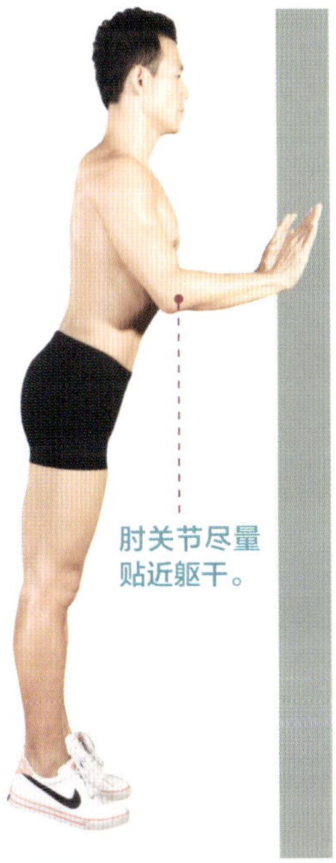

Step 双脚并立，脚后跟抬起，双臂屈肘置于胸部正前方，掌心朝外，整个身体微微前倾，做推墙的姿势。

教练提示

借助一面墙，或是牢固的支撑物（高度要接触到手掌的位置）。肘关节尽量向身体靠拢或贴近，而不是将肘关节打开，进行时应感觉到手臂后面的肱三头肌和三角肌后束在受力。

8 俯卧后提

教练提示

1. 进行此动作时应注意调整好身体重心，控制住身体，减少因后提而引起的身体晃动。

2. 吐气，发力将哑铃上举，感受三角肌后束收缩，吸气，控制哑铃匀速下落。

Step 1 身体俯卧在斜凳上，双手握紧哑铃，双臂垂于身体下方，掌心向后，双腿弯曲跪于斜凳平直位置，挺胸收腹，腰、背部保持在一条水平线上。

Step 2 俯卧姿势不变，双手手臂向上提起，肘关节弯曲成90°左右，停顿1~2秒钟，匀速下落。

肩部塑形，让你穿衣服不需要垫肩

本节适用人群	希望通过运动减脂、塑形，让自己拥有型男好身材的男士
本节锻炼功效	简单的动作能有效刺激肩部肌肉群，加大负荷的力量练习，能促进肩部肌肉的增长，让肩部肌肉轮廓变得更加清晰，提高肩部的饱满度，让你的肩部更加挺立和厚实
本节运动强度	可以选择每周3~4次，一次45分钟左右
本节器材选择	中级锻炼可以选择稍微重一点的哑铃，负重器材重量为能连续上举15~20次，以接近极限为宜

中级组合动作一

锻炼目标	三角肌前束肌肉
锻炼效果	针对三角肌前束的练习，增加肩部力量，增加三角肌前束的肌肉围度，让你的肩部看起来更加挺拔，穿衣时不用担心垫不起来
锻炼组数	3~4组，每组10~15次。

1 哑铃外旋

Step 1 直立，双脚打开与肩同宽，挺胸收腹，两眼平视前方；双手紧握哑铃，掌心相对，双臂弯曲手肘角度成90°。

Step 2 上臂保持不动，将前臂向外旋出，掌心相对改为掌心朝向身体前方。

教练提示

1. 进行此动作时，应注意调整好身体重心，控制住身体，减小因后提而引起的身体晃动。

2. 吐气时，发力将哑铃上举，感受三角肌后束收缩；吸气时，控制哑铃匀速下落。

2 并握前平举

Step 1 直立，双脚打开与肩同宽，挺胸收腹，双眼正视前方；双手紧握哑铃，掌心相对，双臂自然垂于身体外侧，双臂保持微微的弯曲。

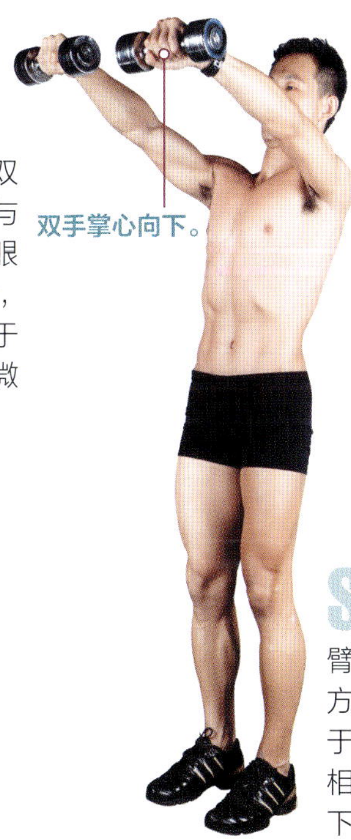

Step 2 站立姿势不变，双臂挺直，将哑铃向身体前方举起至与肩同高或略高于肩的位置，双手掌掌心相对变为掌心朝向身体下方。

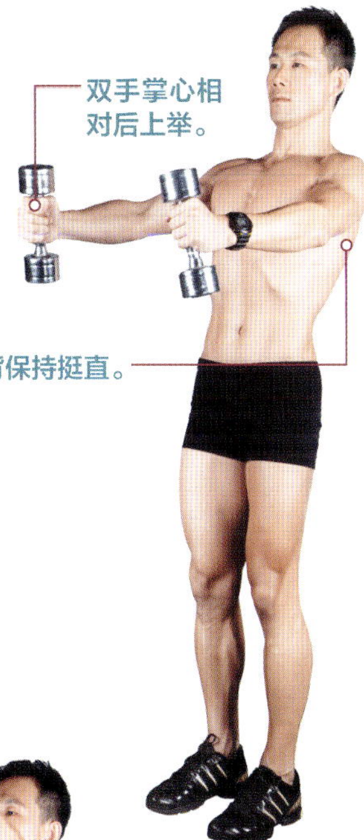

Step 3 动作还原时，腹部收紧，掌心仍保持相对，按照上举轨迹控制好下落的速度。

教练提示

1. 此动作为复合动作，可以选择不同的握铃方法；在动作过程中保持挺胸收腹，注意控制身体的重心，避免因上举产生的惯性而晃动。

2. 吐气的同时发力将哑铃举起；吸气的同时控制双臂匀速下落。

温馨提示

➲ 睡前加餐增了脂肪没增肌

有一些体形比较瘦弱的健身爱好者，总以为自己身材太瘦，为使自己的肌肉迅速长起来，喜欢在睡前开始加餐，长期下去发现肌肉没增长，反倒增了一圈肥肉，才痛呼大意。原来睡前吃得多，睡觉时机体的代谢慢，热量消耗不掉，就变成脂肪在体内囤积了起来。

3 哑铃坐姿肩上推举

中级组合动作二

锻炼目标	三角肌中束肌肉
锻炼效果	针对三角肌中束的练习，能让你的肩部更加挺起，坚持锻炼能加宽肩部肌肉围度，使肩部更加饱满、厚实，让你的臂部看起来更加修长、饱满
锻炼组数	3~4组，每组10~15次

Step 1 身体直立，坐在平凳上，双脚平踩地面，挺胸收腹，双眼正视前方；双手紧握哑铃，上臂保持与肩同高，前臂上举与上臂成 90° 夹角，双手掌心朝外。

Step 2 腹部保持收紧，保持掌心朝外，将持铃双臂举向头顶，上臂尽量向头部靠拢；到达最高处，停顿 1~2 秒钟，控制匀速落下。

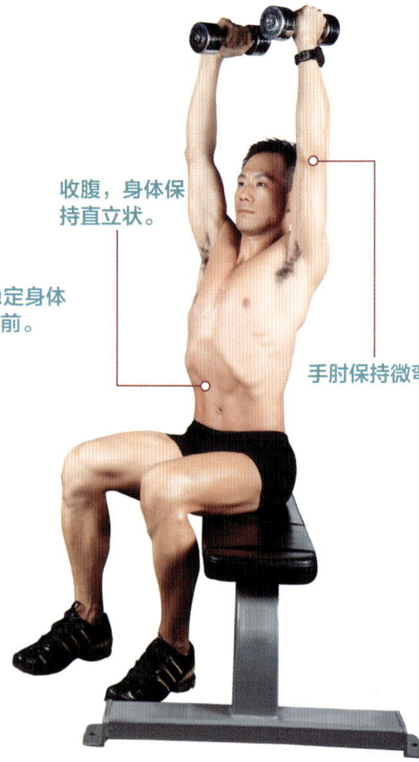

Step 3 还可以换成掌心相对的方式来完成这个动作，不同的握法锻炼的部位不同。

4 杠铃窄握划船

Step 1 双脚分立，与腰部同宽，双手持杠铃，两手之间留有两个拳头的距离，手心朝内。

Step 2～3 将杠铃向上提，直到杠铃提至胸部中下沿，且手肘与肩膀保持水平，然后慢慢下放至肚脐位置。重复练习该组动作。

教练提示

动作过程中，同样需控制身体的稳定以及杠铃直落的位置，始终保持核心部位收紧，同时关注目标区域肌肉变化。

温馨提示

补充维生素K，不再怕淤青

有的人在锻炼中稍微磕碰，身上就会起青肿或瘀斑，并且长时间不愈，这时就说明身体有可能缺乏维生素K，缺少维生素K血液凝固就会缓慢，甚至不会凝固，所以维生素K被称为“止血功臣”。花椰菜、芦笋和莴苣里都含有维生素K，经常食用能够强化血管壁的柔韧性，同时减少青肿和淤血的发生。

5 哑铃侧平举

Step 1 直立，双脚打开与肩同宽，挺胸收腹，双眼平视前方；双手对握哑铃，双臂微弯自然垂于身体外侧。

Step 2 身体保持直立，挺胸收腹，双臂挺直，向身体两侧上举直到手肘与肩部水平，手腕略高于手肘。

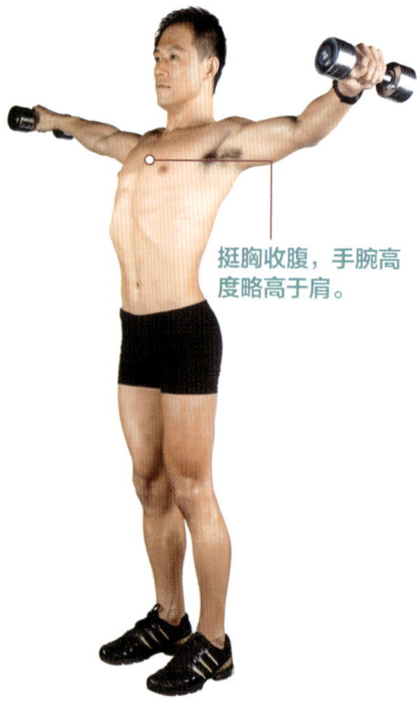

侧面观：动作到达顶峰时停顿1～3秒钟，然后控制匀速放下，动作过程中仍然保持挺胸收腹。

教练提示

1. 当哑铃侧平举手肘略过于身体背面时，主动感觉三角肌中束发力位置。

2. 吐气，发力上举，吸气，匀速收回。

温馨提示

及时补充铬

铬是维持生命所必需的微量元素之一，它能够降低人体内的胆固醇含量、增强机体耐力，还能够帮助氧化脂肪、使肌肉增长。葡萄与葡萄干富含铬，一般人每天吃一串葡萄或者葡萄制品就能提供足够的铬，健身者需要加倍进食。

6 俯身哑铃飞鸟

中级组合动作三

锻炼目标	三角肌后束肌肉
锻炼效果	针对三角肌后束，能让薄弱的后部肌肉变得饱满、有力，能增加肩部的整体厚度，让你看起来更加沉稳和踏实
锻炼组数	3~4组，每组10~15次

教练提示

在动作进行中，注意身体重心不要前移，始终让臀部坐在平凳上。

Step 1 坐在平凳上，两手各持哑铃垂于胸部正下方，两臂稍屈，保持在接近伸直的自然状态。

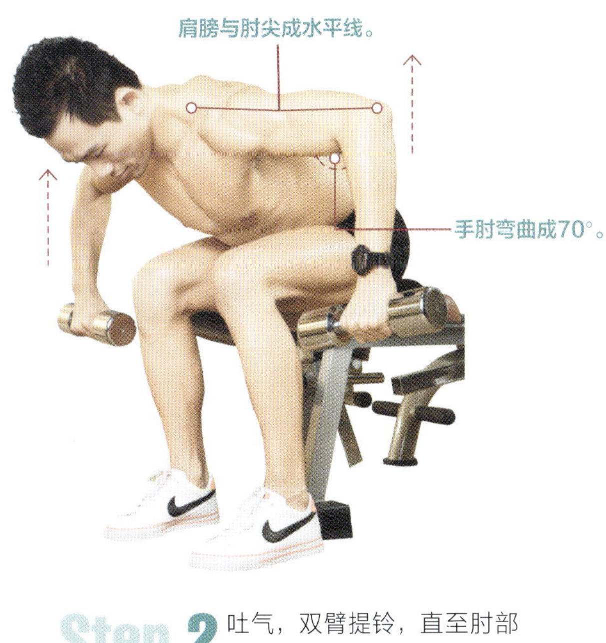

Step 2 吐气，双臂提铃，直至肘部处于肩膀水平位，同时保持上臂与躯干的夹角在70°左右。然后利用肌张力缓缓将哑铃沿着原路回到起始位。

突破自我
高级动作

强化肩部，让你的肩部肌肉宽阔丰厚

本节适用人群	喜爱运动和对身材有特殊需求的健身健美达人
本节锻炼功效	本节主要通过不同的动作强化肩部肌肉群，使用大负荷的重量进行练习，帮助消耗更多的脂肪，加快身体的新陈代谢，促进肩部肌肉的增长，增大肩部肌肉的围度，让你的肩部像盔甲一样宽厚、耸立
本节运动强度	可以选择一周三分化的训练模式，每个部位一周练习两次，一次20~30分钟
本节器材选择	高级锻炼可以选择稍微重一点的哑铃等器械。器械重量选择为能连续上举8~10次，以接近极限为宜

高级组合动作一

锻炼目标	三角肌前束
锻炼效果	加大负重针对三角肌前束的练习，尽量每次达到力竭的状态，这样能刺激肌肉迅速生长，增大肌肉围度，让你的肩部上方肌肉更有形
锻炼组数	3~5组，每组8~10次

1 杠铃前平举

教练提示

举起杠铃，肩部肌肉收缩时吐气，当杠铃水平落下时吸气。选择适当重量，避免大负荷训练时动作变形，影响训练质量。

Step 1 双脚平行站立，然后将左脚向后移动一脚长的距离，且脚跟踮起。双手正握杠铃，手握宽度刚好贴近髋关节外侧，放于身体前面。

Step 2 吐气，缓慢举起杠铃，将杠铃举到上臂与身体成 90°，停住 1 秒钟，匀速缓慢落下恢复起始动作。重复练习该组动作。

2 杠铃上推举

Step 1 双手提举杠铃，手臂弯曲。身体坐在平卧椅上，双腿自然放于身体前面。注意，手肘弯曲成 90°的同时将其向内收住。

Step 2 将杠铃上举，直到手臂伸直，停留片刻，缓慢落下，然后恢复起始动作。

教练提示

做此动作时尽量选用坐姿，可以减少腰部压力。动作过程中要稳定身体，始终收紧该运动中身体的核心部位。整个动作过程中，手臂尽量向前，手肘有向内侧收住的感觉。

3 哑铃坐姿飞鸟

高级组合动作二

锻炼目标	三角肌中束
锻炼效果	针对三角肌中束的动作，能有效加强三角肌中束肌肉力量，让你拥有盔甲般坚实的肩部
锻炼组数	3~5组，每组8~10次

教练提示

1. 此动作练习过程中容易出现耸肩现象，应注意保持沉肩；动作进行中挺胸感受三角肌中束的收缩。

2. 吐气时，发力将哑铃举起；吸气时，控制哑铃匀速下落，减少身体晃动。

Step 1 坐在平凳上，双脚平踩地面，挺胸收腹，双眼平视前方；双手对握哑铃，双臂放于身体两侧，手肘弯曲角度大约为135°。

Step 2 保持坐姿不变，腹部收紧，将哑铃向身体两侧举起，掌心对地，手臂微弯，手肘与肩保持水平的同时，让手腕略高于肩部。

侧面观：身体保持直立、挺胸收腹，控制重心不晃动。

Step 3 动作到达顶峰时，主动将胸挺起，保持1~2秒钟，匀速落下。

4 俯立侧平举

简易组合动作三

锻炼目标	三角肌后束
锻炼效果	加强三角肌后束力量，均衡发展背部和肩膀肌肉力量，让肩部和背部肌肉更发达，呈倒三角形
锻炼组数	3~5组，每组8~10次

Step 1 双脚打开与肩同宽，双腿微弯，腰部塌平，双手握住哑铃，掌心朝向自己的身体，双臂自然下垂于体前位置。

Step 2 腹部收紧，双臂挺直打开，将哑铃向身体两侧举起；上臂与前臂保持挺直，尽量举到与背部水平的位置，然后停顿1~2秒钟，匀速放下。

教练提示

1. 做此动作过程中很容易出现含胸、驼背现象，应尽量保持胸部收紧，稳住身体重心，避免因挥臂导致躯干晃动。

2. 在动作进行过程中，头部应始终高于心脏，避免大脑供氧不足，出现缺氧现象。

3. 吐气时，双臂发力向外侧举；吸气时，匀速还原。

PART 05

健身先生

教你打造完美背部

男人天生就需要背负较大的压力，
“虎背熊腰”不仅仅是对男人背部的要求，
也是型男们不可或缺的标志，
更是女性们为之着迷的重要因素。

别人有的是“背景”，我有的是“背影”，
作为一个真正的男人，
“背景”或许不如别人，
但“背影”的瘦弱与强壮，
由你自己决定。

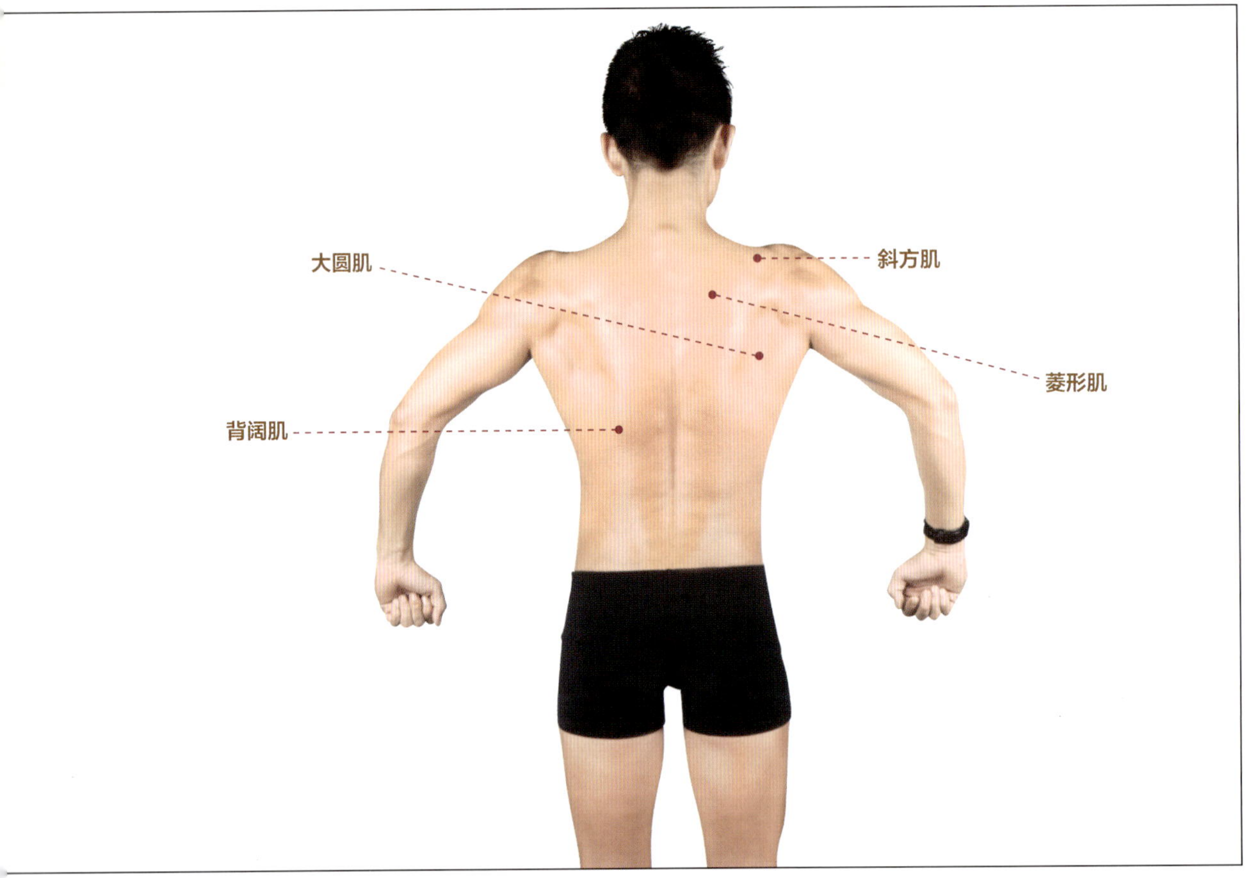

背部肌肉群是人体重要的肌肉群，它在人体肌肉中所占比例比较大，所以对人体新陈代谢的影响也比较大。它主要包括背阔肌、斜方肌、菱形肌、大圆肌等。

背阔肌是位于胸背区下部和腰区浅层较宽大的扁肌，由胸背神经支配。其功能是伸展、内收、内旋肱骨，攀爬时肌肉收缩以拉起肢体。

它是构成“V”字形身材的主要背部肌肉，可使躯干形成最为美观的扇形。

另外一些小的肌肉，如肩胛下肌、冈上肌、冈下肌和小圆肌这四块肌肉共同组成的肩袖肌群，对肩关节的稳定性具有非常重要的作用。

要加强背肌力量，就一定要通过收缩肌肉的方法来加强背部神经的功能，刺激支配肌肉的感觉神经，使肌肉充分充血，从而加大外侧背阔肌的宽度和密度，最终起到强建背肌的作用。

消除赘肉，打造强健的背部

本节适用人群	希望通过运动调节身心和保持身体健康的人士
本节锻炼功效	本节动作安排及练习负重安排，主要是让你活动背部肌肉，提高背部抗压能力，改善背部血液循环，缓解背部压力，消除背部赘肉，增加背部肌肉含量
本节运动强度	可以选择每周3次，一次30分钟左右
本节器材选择	初级锻炼可以选择徒手或者轻重量的哑铃，哑铃重量为能连续上举20~25次，感觉接近极限为宜

简易组合动作一

锻炼目标	背阔肌以及斜方肌
锻炼效果	背部是男人重要的部位，但也是平时活动用到比较少的部位之一。下面的动作主要针对背阔肌和背部斜方肌的练习，能让你快速燃烧背部脂肪，改善和消除含胸驼背等症状
锻炼组数	3~5组，每组8~10次

1 引身划船

Step 1 双脚前后站立，间距大概一步半之遥，后脚脚跟微微抬起，单臂搭在斜板上，支撑身体，负重手臂掌心朝向身体内侧，挺胸收腹，挺直腰背。

Step 2 保持俯立姿势，手臂弯曲将哑铃向身体后方拉起，上臂保持夹紧，身体保持稳定。

Step 3 手臂弯曲继续后拉，让手肘高度高于肩背高度，肘关节角度成110°左右。动作还原。

Step 4 肘关节弯曲角度保持不变，上臂夹紧身体，继续向上抬起，让肘部高于肩背位置，腰背挺直，头部高于心脏高度。

教练提示

1. 在练习此动作时，可以选择偏重的哑铃，根据自身情况选择将哑铃拉起的高度，可以与肩部水平，也可以高于肩背高度。

2. 尽量将负重手臂夹紧背部，手臂下放时保持躯干挺胸收腹，尽量匀速拉起避免发力过猛，将重心压向支撑手臂。

3. 吐气时，负重手臂向后拉起；吸气时，匀速还原。

2 单手哑铃划船

Step 1 双脚打开与肩同宽，俯身收腹，胸部挺起，头部抬起，双眼平视前方；负重手臂握紧哑铃，放于身体前方，另一只手叉腰，保持身体稳定。

Step 2 负重手臂弯曲将哑铃拉向髋关节处，另一只手扶住同侧腿膝盖，稳住重心。

教练提示

1. 单手哑铃划船时，减少身体晃动，感受背部肌肉受力，做完一只手臂然后换另一只手臂的划船动作，在动作过程中要减少身体晃动，重心偏向支撑腿。

2. 保持头部高于心脏。吐气时，发力后拉；吸气时，放松落下。

简易组合动作二

锻炼目标	背部上部以及斜方肌
锻炼效果	背部上方其实是很容易囤积脂肪的部位之一，生活和工作中的不标准坐姿或站姿也很容易造成背部上方发展的不协调，会产生溜肩、双肩高低不平等现象，坚持下面几个动作的练习主要是为了消除背部多余脂肪，增强背部肌肉负重力量，挺直你的背部，让你看起来更有气质
锻炼组数	3~5组，每组8~10次

教练提示

双肩提起，向上收缩时吐气，慢慢落下时吸气。在动作进行中，尽量感受斜方肌的收缩与伸展，同时控制动作速度。

3 提哑铃耸肩

Step 1 双脚开立，与肩同宽，双手握哑铃，自然下垂于身体两侧。

Step 2 耸肩，手持哑铃向上提拉，保持片刻，恢复起始姿势，重复该组动作。

4 哑铃提拉

Step 1 身材斜趴在器械上，双手握哑铃，自然下垂。

Step 2 手臂弯曲，将哑铃向上提拉。保持此姿势片刻，恢复起始动作。

教练提示

提起哑铃，肌肉收缩时吐气，落下时吸气。动作进行中手臂提起时应控制胸部不要抬离靠垫，要把所有力量集中在背部中央位置。

温馨提示

健身的同时防晒不可少

防晒不只是女人的事情，时尚爱美的你怎么能够容忍自己的皮肤被紫外线所伤害呢？健身人士要经常使用防晒霜，尤其是进行户外运动时，更应格外注意皮肤的保养。

5 俯卧后扩运动

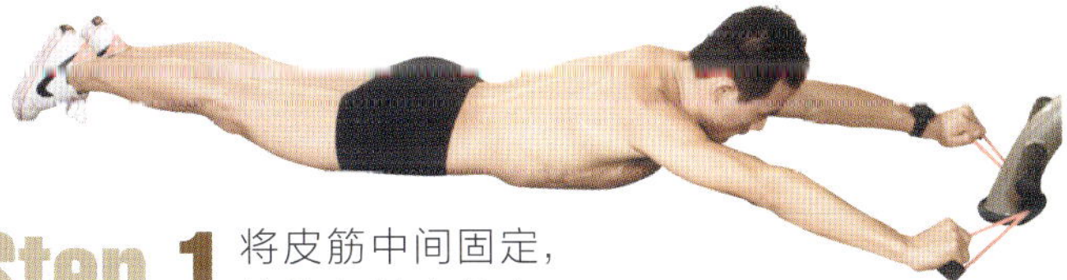

Step 1 将皮筋中间固定，俯卧在健身垫上，双手分别拉皮筋两端，下半身不动。

教练提示

在动作进行中，双腿并拢夹紧，固定双脚，保证在背部收缩时身体下部是稳定的。

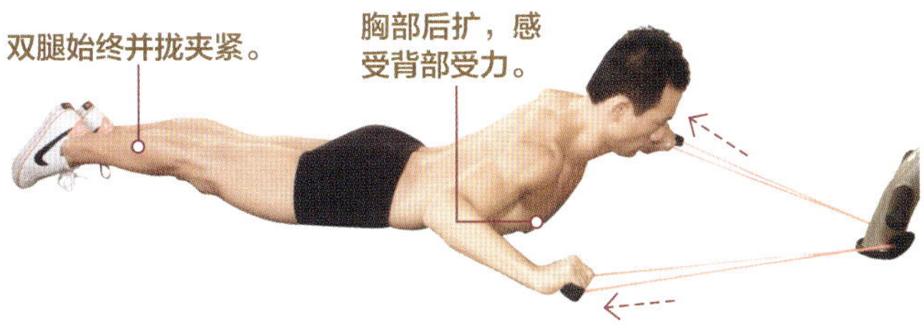

Step 2 双手用力拉皮筋，向两侧展开，同时借势伸展胸部，慢慢抬起上半身，至顶峰状态时保持片刻，意识到下背部肌肉的收缩后，缓缓放下上半身，恢复起始动作。

6 坐姿划船

Step 1 坐在器械凳上，双手紧握握把，两脚踏住横梁，双腿稍屈膝，两臂自然伸直，肩关节放松。

教练提示

动作至顶峰时，注意肩胛骨向脊柱靠拢，使背部肌群充分收缩。

Step 2 双手向后拉起活动杆，同时挺胸收腹，背部肌群收缩，肩胛骨向脊柱靠拢，停留 1~2 秒钟，然后恢复起始姿势。

7 坐姿后拉

Step 1 坐在拉力器座椅上，固定好宽握拉杆，挺胸收腹。

Step 2 边吐气边将手臂弯曲，上臂尽量贴向背部外侧。感觉背部有明显收缩感。

教练提示

在手臂弯曲向身体方向收缩时，注意胸部始终贴紧靠垫。

8 坐姿高位下拉

Step 1 身体坐在横杠正下方，双脚平放于地面，双手握住拉力器握把。

Step 2 双手向下拉，直到肘部弯曲，背部有收缩感。保持此动作 1 秒钟，然后将手臂还原至起始动作。重复该组动作。

教练提示

将横杠向下拉起收缩时，坐直的身体微微后倾，这样可以更好地让力量集中于背部。

倒三角形背部，呈现完美“背景”

本节适用人群	希望通过运动减脂、塑形，让自己拥有型男好身材的男士
本节锻炼功效	男人天生就要背负起重大压力，“虎背熊腰”不仅仅是对男人背部的要求，也是型男不可或缺的标志。背部饱满厚实没有赘肉，肌肉紧实，肌肉线条流畅，整体背部呈倒三角形，是型男“背景”的标准，也让你随时都充满自信
本节运动强度	可以选择每周3~4次，一次45分钟左右
本节器材选择	中级锻炼可以选择稍微重一点的哑铃进行锻炼，负重器材重量为能连续上举15~20次，感觉接近极限为宜

1 直腿硬拉

中级组合动作一

锻炼目标	整个背部肌肉
锻炼效果	加强身体后侧背部肌肉力量，让腰酸背痛远离你，很好地增加背部肌肉围度，让你看起来更有男人味；锻炼能加宽背部横向围度，打造倒三角形身材
锻炼组数	3~4组，每组10~15次

教练提示

1. 运动中双腿始终保持直立，俯身时感受腿部韧带拉伸，腰背挺直，保持头部高于身体。

2. 吐气时，将身体挺起，手肘可以弯曲也可以伸直；吸气时，身体恢复俯身，注意动作应保持匀速。

错误动作： 腰背没有挺直，头部低于心脏高度。

Step 1 俯立，双脚打开与肩同宽，双腿挺直、腹部收紧、背部挺直、头部抬起；双手紧握哑铃，掌心朝向身体，双臂微微弯曲放于身体下方。

Step 2 身体向上直立，挺胸收腹，同时握铃手臂将哑铃向上拉起，双臂弯曲角度约成150°，动作还原。

2 屈腿硬拉

Step 1 俯立，双脚打开间距略小于肩，挺胸收腹，双腿微微弯曲，头部抬起略高于心脏位置；双手紧握哑铃，掌心朝向身体后方，双臂保持微弯，垂落于身体两侧。

Step 2 将哑铃提起，身体由弯曲改为直立，动作中尽量保持挺胸收腹，双肩用力向后收起，动作还原。

教练提示

1. 此动作为高级动作，在运动过程中一定要挺胸收腹，臀部有向后坐的感觉，双肩尽量向后收紧；在动作过程中双眼始终保持平视前方，头部不要低于心脏高度，避免出现缺氧现象。

2. 吐气时，发力双腿伸直；吸气时，躯干和双腿弯曲，膝盖位置不超过脚尖。

3 直臂折胸

Step 1 俯身，双脚打开与肩同宽，腹部收紧，腰背挺直，头部抬起高于心脏；双手握住哑铃，掌心朝向身体，双臂自然垂放于身体下方。

Step 2 上臂伸直，同时肩胛骨向背部发力上提，明显感觉到胸部有被夹起的感觉。动作还原。

教练提示

1. 在动作进行过程中，保持腰背挺直、腹部收紧，上臂保持微弯。

2. 吐气时，背部上提夹胸；吸气时，身体放松，动作还原。

4 宽握距引体向上

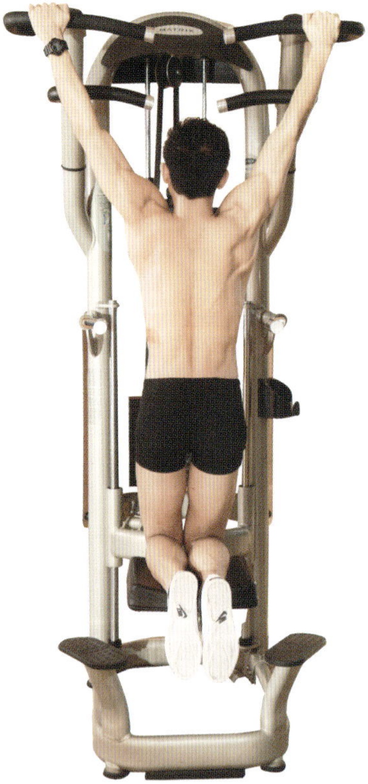

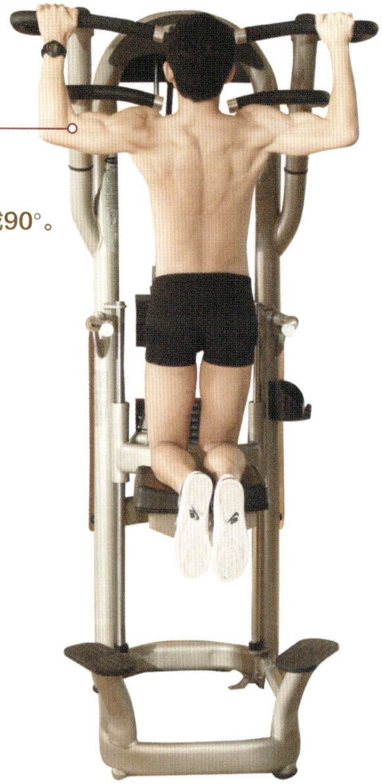

Step 1 双腿跪在拉力器上，双手抓住宽握距握把，身体保持端正。

Step 2 用力下拉握把，做引体向上。屈肘，直到手臂弯曲成 90°，达到顶峰状态时保持片刻，慢慢回到起始姿势，重复该组动作。

教练提示

身体向上牵引时吐气，身体下落时吸气。动作的起与落都由背部伸展收缩来控制，不要出现自由落体的现象。

5 哑铃俯立划船

Step 1 双脚打开与肩同宽，俯身收腹，胸部挺起，头部抬起，双眼平视前方；双手对握哑铃，双臂自然放于身体前下方，腰部塌平，双腿微弯。

Step 2 双上臂夹紧，身体向后拉，前臂弯曲，将哑铃拉起到髋关节处，停顿1~2秒钟，匀速落下。

教练提示

1. 在动作过程中保持腰背挺直，腹部收紧，头部不能低于心脏高度，以免出现脑部缺氧现象。

2. 吐气时，手臂发力弯曲；吸气时，控制匀速下落。

温馨提示

➲ 较低温度有利于健身

研究表明，当温度保持在22°C时，人体的感觉最好。同时温度会影响健身效果，在较低温度下健身，由于周身凉爽，人们不容易感觉疲劳、心情舒畅，能够提高健身效果。

突破自我
高级动作

挑战肌肉极限，让背阔肌像翱翔的翅膀

本节适用人群	喜爱运动和对身材有特殊需求的健身健美达人
本节锻炼功效	第四届奥林匹亚先生大赛冠军罗尼，每次转身总会让对手不寒而栗，他那宽阔的背阔肌就像两只翅膀一样“展翅翱翔”。本节主要是通过加大负荷进行训练，通过收缩极限来刺激背部神经，使肌肉充分充血发胀，从而加大背阔肌的宽度和密度，让背阔肌更发达
本节运动强度	可以选择一周三分化的训练模式，每个部位一周练习两次，一次20~30分钟
本节器材选择	高级锻炼可以选择稍微重一点儿的哑铃等器械。器械重量选择为能连续上举8~10次，感觉接近极限为宜

1 俯身飞鸟

高级组合动作一

锻炼目标	背阔肌及背部内侧
锻炼效果	加大负荷针对背部内侧进行练习，每次充分地锻炼，能刺激肌肉迅速生长，增大肌肉围度，让你的背部看起来更加饱满
锻炼组数	3~5组，每组8~10次

教练提示

1. 此动作主要锻炼背部中束肌肉，锻炼时应感觉到肩胛骨明显向后收紧，动作还原时避免出现含胸弓背的现象，应始终保持腰背挺直。

2. 发力打开做俯身飞鸟时，吐气；控制下落时，吸气。

Step 1 双脚打开与肩同宽，屈身俯立、挺胸收腹、腰背挺直，双眼平视身体前方；对握哑铃，掌心朝向身体后方，双臂自然垂于身体下方。

Step 2 俯立姿势不变，后背从外侧向中间发力，将双臂从身体侧面向外、向上拉起，手肘尽量超过后背高度，手肘弯曲角度大约成135°，然后后背控制慢慢放下。

2 窄握反手提拉

Step 1 俯立，双脚打开与肩同宽，臀部微微向后坐，收腹，背部挺直，头部抬起，两眼平视前方；双臂垂于肩部下方，握铃掌心朝向身体前方，双手间距略窄于肩。

教练提示

1. 此动作为高级动作，手臂力量好的可以选择中等偏上重量的哑铃练习，效果更佳；双手的间距尽量保持窄于肩，动作到达顶峰的时候，哑铃仍在身体外侧，让背部感觉更明显。

2. 发力身体直立时，吐气；身体弯曲还原时，吸气。

高级组合动作二

锻炼目标	整个背部
锻炼效果	大负重练习，给予整个背部强烈的刺激，有效增加整个背部的肌肉力量，让背部肌肉迅速增长，让你也拥有像罗尼一样完美的背部
锻炼组数	3~5组，每组8~10次

Step 2 腰部、背部保持挺直，握铃手臂保持不变，双腿向上伸直的同时身体向上直立。

Step 3 动作到达极限时，双手掌心向前，双臂微弯，上臂夹紧背部，胸部前挺。

3 直腿硬拉

教练提示

在动作进行时，始终保持背部平直、双腿伸直的状态。

Step 1 双脚开立，与肩同宽，双手正握杠铃，手握宽度刚好贴近髋关节外侧。

Step 2～3 俯身，挺直双腿，将杠铃下落，当落到腿即将弯曲时，缓慢拉起杠铃，直至挺直身躯。

4 屈腿杠铃硬拉

Step 1 双脚打开，与肩同宽，双手正握杠铃，自然提起，手握宽度刚好贴近髋关节外侧。

Step 2 屈腿，将臀部向后坐，同时保持背部平直，双眼水平望向前方，不要低头，以免造成大脑缺氧。当杠铃落至膝关节时，靠背部力量收缩拉起，再恢复起始动作。

错误动作：低头，而且背部没有平直。

教练提示

当杠铃下落、伸展背部时吸气，背部肌肉收缩挺身时吐气。动作进行时保持身体的稳定，屈腿时膝盖的垂直面不能超过脚尖。整个动作过程中始终要收紧腹部。

PART 06

健身先生
教你打造健硕胸肌

形体饱满、棱角分明、线条优美的胸部，
犹如古代的铠甲，
让人艳羡，也让你更具有成熟男性的魅力。
坚持一下，不一样的动作选择，
不一样的动作强度，让你也拥有宽厚、结实的胸部。

胸部的肌肉主要是胸大肌。胸大肌可以分为上、中、下三部分。

胸大肌是人体最大的一块扇形扁肌，它覆盖了整个胸部。

胸大肌从锁骨、胸骨和肋骨开始到肱骨大结节上结束。

胸大肌的主要动作就是肩关节水平内收，其功能是使上臂向内、向前、向下和向上，或者使臂膀向内旋转。

让你的胸部肌肉“显山露水”

本节适用人群	希望通过运动调节身心和保持身体健康的人士
本节锻炼功效	男人宽厚的胸部可以给人稳重可靠的安全感，单薄的胸部常给人风吹即倒的感觉。本节锻炼主要是让你减去胸部多余脂肪，增加胸部肌肉比例，使胸部肌肉轮廓更加清晰立体，同时加强对肩部关节和手臂的锻炼效果
本节运动强度	可以选择每周3次，一次30分钟左右
本节器材选择	初级锻炼可以选择徒手或者轻负荷的哑铃等器材，哑铃等器材重量为能连续上举15~25次，感觉接近极限为宜

1 哑铃上斜板卧推

简易组合动作一

锻炼目标	胸大肌上部
锻炼效果	有效去除胸部囤积赘肉，增大胸大肌上部锁骨周围肌肉围度，让我们穿衬衫时更有型。同时，本组动作还能有效地增强肩部关节和手臂力量
锻炼组数	3~5组，每组8~10次

Step 1 坐在可调节的斜凳外侧，将斜凳角度调为约 45°，双脚平放于地面，挺胸收腹，双眼正视前方；双手紧握哑铃放于膝盖上方。

Step 2 下半身保持不变，躯干躺于斜板上，挺胸收腹，双臂打开将哑铃放于与胸部几乎水平的位置，掌心朝向身体前方，双脚发力控制住身体的重心。

Step 3 斜卧姿势保持不变，发力将哑铃上举，手臂伸直将哑铃停于胸部上方位置 1~2 秒钟，匀速落下。

教练提示

1. 做此动作时，胸部始终保持挺起，手臂弯曲打开时，应感觉到胸大肌上束强烈伸展，让哑铃举起所有力量回流到胸大肌上束。

2. 斜板高度可以根据自身的肌肉力量来合理调节，发力向上推举时呼气，控制慢落时吸气。

2 平板哑铃大飞鸟

Step 1 双手持哑铃平卧在平板上，掌心相对，两臂伸直于胸部上方。注意腰部应微微抬起，使胸部展开。

Step 2 吸气的同时两臂微屈肘，向两侧做弧形下放哑铃至最低点（不能接触地面），停顿 2 秒钟。

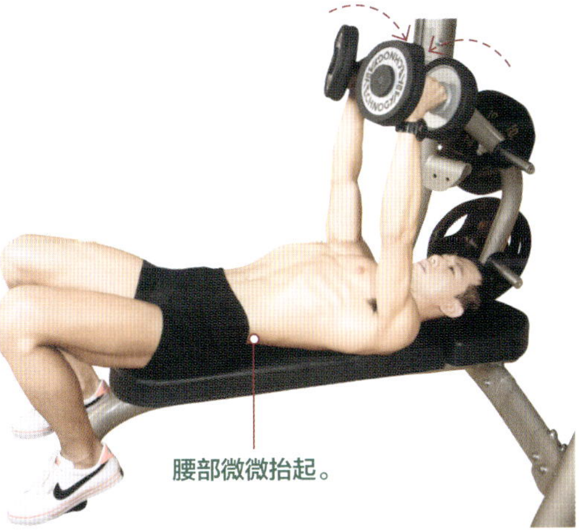

Step 3 一边呼气，一边利用胸肌的力量将两臂快速收回至胸部上方，并挺起胸部。

教练提示

控制动作速度，动作进行时保持手臂同肩部在同一垂直线上，打开时胸部应有强烈的伸展感。

3 上斜哑铃飞鸟

Step 1 仰卧在30° ~ 45° 的斜长凳上，双脚踩实，腹部收紧，手臂举于胸部上束上方位置。

教练提示

此动作也称“飞鸟”，因为手臂张开时像鸟的翅膀一样。动作进行时的呼吸方法：当打开手臂伸展胸部时慢慢吸气，双臂向上夹起收缩时慢慢呼气。打开手臂时上束肌肉有强烈伸展感，手臂夹起收缩时应把全部力量汇集于目标区域。

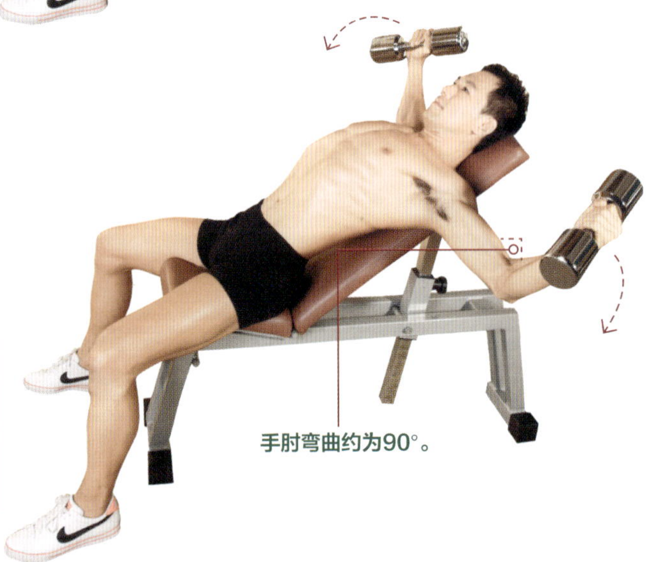

Step 2 ~ 3 双臂展开，肘关节弯曲成90° 左右，再向前举起，重复此动作。

4 杠铃平板卧推

简易组合动作二

锻炼目标	胸大肌中部
锻炼效果	更好地训练胸部中束肌肉，同时加强手臂和肩部力量，加强胸部肌肉围度，扩大胸部领域，让肌肉更加饱满，同时加强手臂和肩部力量
锻炼组数	3~5组，每组8~10次

Step 1 仰卧在平凳上，两脚弯曲脚底紧靠凳尾，头、上背部和臀部紧贴凳面。两手分开，略比肩宽，掌心向上握住杠铃。

教练提示

在动作起始和进行时，保持挺胸收腹。动作进行中，注意感受所有力量是否汇集到目标区域（胸部中束）。

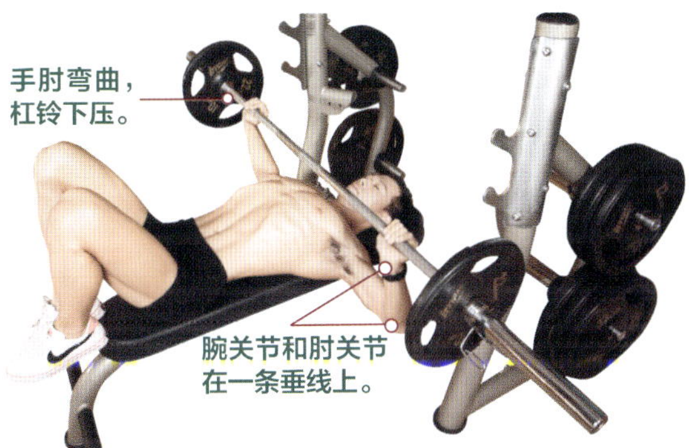

Step 2 深吸气后屏气，将杠铃缓慢朝胸部下放至距离胸口一拳的位置。腕关节和肘关节在一条垂直线上，肘尖指向地面。

Step 3 当杠铃即将触及胸部时，胸大肌突然收缩发力，将杠铃向上推起，同时吸气，举到最高位时呼气，做“顶峰收缩”并保持片刻，吸气后屏息，以胸大肌的张紧力控制哑铃缓慢下落，反复练习。

5 坐姿器械夹胸

Step 1 坐在夹胸器的椅子上，背部挺直并保持贴紧椅背，两手紧握握把，两脚踩实踏板。

Step 2 双手用力把夹板向中间推，肌肉做“顶峰收缩”并保持片刻，然后双手缓慢回收，回到起始位。

教练提示

双手推起夹板时，保持背部始终贴住椅背，同时尽量从胸部发力。

温馨提示

男士健身后也要有“面子”

在酣畅淋漓的健身之后，爱面子的男士可别忘了最关键的面部护理。肌肤经过运动，新陈代谢加快，这时就要及时为肌肤补充大量水分与营养成分，涂抹具有保湿和抗老化作用的护肤品来保证肌肤的光泽。

6 哑铃屈臂上提

简易组合动作三

锻炼目标	胸大肌下部
锻炼效果	主要是针对胸大肌下束的锻炼，可以紧致胸大肌下束，让胸大肌下沿更加有型
锻炼组数	3~5组，每组8~10次

Step 1 躺在平凳上，挺胸收腹，腰部悬起，双腿弯曲，双脚踩在平凳上，双手托起一只哑铃，置于锁骨正上方。

Step 2 保持卧姿不变，双臂伸直将哑铃举向头部正上方，将腹部收紧，感受胸大肌下束的收缩。

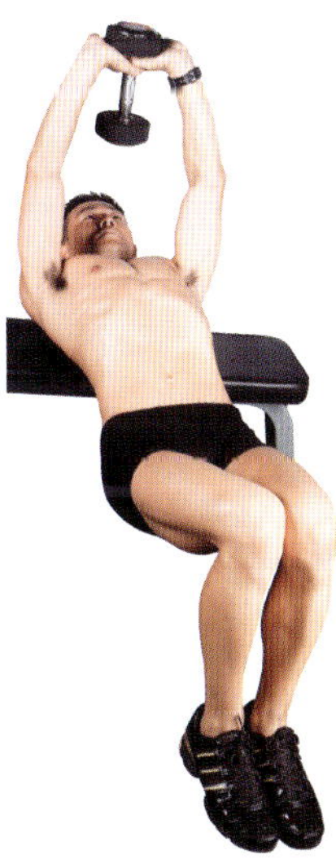

Step 3 躯干横躺于地面，背部躺在凳子上，半身悬空，双脚平踩于地面，双臂抬起，双手托住一只哑铃置于锁骨位置。

Step 4 卧姿不变，双脚发力保持身体平衡，双臂伸直将哑铃举向头部上方。

教练提示

1. 做哑铃屈臂上举可分为纵向和横向，选择重量级哑铃可以纵向，选择轻量级哑铃可以横向，动作中保持挺胸收腹。

2. 遵循肌肉伸展时吸气、肌肉乏力时呼气的呼吸方式。

胸部塑形，让你的胸部更加健硕

本节适用人群	希望通过运动减脂、塑形，让自己拥有型男好身材的人士
本节锻炼功效	男人宽厚结实的胸膛能给女人带来更大的安全感。本节主要是为了增加胸部肌肉含量，让胸部肌肉更加立体有形，重量加大，有针对性地对胸部各部分肌肉进行塑造，只要坚持，完美胸部不是梦想
本节运动强度	可以选择每周3~4次，一次45分钟左右
本节器材选择	中级锻炼可以选择稍微重一点的哑铃，重量以能连续上举15~20次，感觉接近极限为宜

中级组合动作一

锻炼目标	胸部外侧
锻炼效果	用哑铃做飞鸟动作，主要是针对胸部外侧的练习，坚持锻炼可以让胸大肌变得更结实有力，增大胸大肌围度，增加肌肉饱满度
锻炼组数	3~4组，每组10~15次

1 哑铃常规飞鸟

Step 1 仰卧于平凳上，挺胸收腹，膝关节弯曲成 90°，双手紧握哑铃放于膝盖上，两小腿交叉保持身体平衡。

Step 2 身体姿势保持不变，手臂微微弯曲，手持哑铃，掌心相对，垂直放于胸部上方。

Step 3 挺胸，手肘保持固定角度，双臂向两侧打开，双手掌心仍保持相对状。

教练提示

1. 这是初学者较常用的动作，动作过程中可以通过小腿交叉来控制身体重心稳定，动作中想象成像鸟儿一样张开翅膀。

2. 张开双臂时，吐气；动作恢复时，吸气。

2 哑铃平板卧推

中级组合动作二

锻炼目标	胸部中部
锻炼效果	平板卧推和夹胸的动作能更好地刺激胸大肌中部位置，能有效增加胸部的围度，让你的胸部更加厚实
锻炼组数	3~4组，每组10~15次

Step 1 坐在平凳上，双脚平踩地面，双腿弯曲成 90°，双手握住哑铃放于膝盖上，挺胸收腹，两眼正视前方。

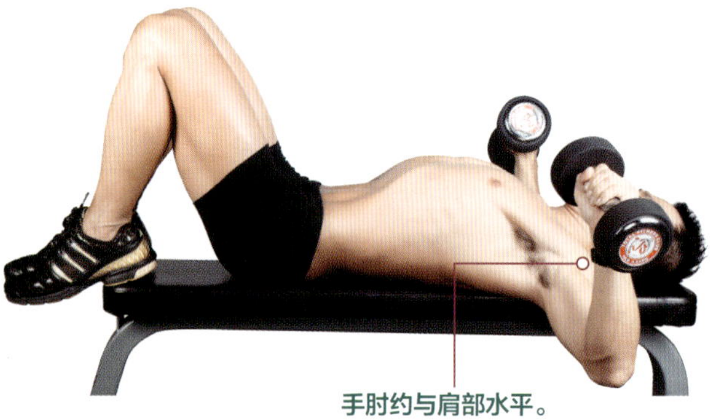

Step 2 将身体躺下，双腿弯曲且双脚踩住平凳边缘，双手紧握哑铃，双臂弯曲，手肘与肩部水平，收腹挺胸。

教练提示

1. 身体仰卧在平凳上时，始终保持悬腰、挺胸，手肘高度与平凳水平，上臂与躯干夹角成90°左右。

2. 在动作进行中，吐气时，发力向上推举；吸气时，控制哑铃匀速下落。

Step 3 躺在平凳上，双腿保持弯曲，胸部发力，手臂伸直上举，将哑铃举起于胸部正上方。

3 哑铃夹胸

Step 1 身体半卧于斜板，上半身抬起，双脚脚跟踩在凳子边缘，双腿弯曲，双手紧握哑铃放于两膝上。

Step 2 手臂保持伸直不变，身体平卧，夹紧胸部，旋转手腕后掌心相对，将哑铃举于身体正上方。

Step 3 双臂打开，胸部放松，双手掌心朝向身体下方，感受胸部肌肉的伸展。

教练提示

1. 做哑铃夹胸，可以选择中等偏上重量的哑铃。
2. 在动作中注意掌心变化，发力夹胸时呼气，肌肉放松时吸气。

突破自我
高级动作

胸部强化，让你的胸部棱角分明

本节适用人群	喜爱运动和对身材有特殊需求的健身健美达人
本节锻炼功效	胸肌发达的男人，哪怕只是穿一件T恤都能够把性感与魅力展现得淋漓尽致；宽厚的胸部更能给人稳重可靠的安全感，最健美的胸肌应当如同古代的铠甲一般，形体饱满、棱角分明、线条优美；本节主要是加大负重重量，针对胸部各部分肌肉进行更深层次的刺激，从而让你拥有更加健美的胸部
本节运动强度	可以选择一周三分化的训练模式，每个部位一周练习两次，一次20~30分钟
本节器材选择	高级锻炼可以选择稍微重一点的哑铃等器械。器械重量选择为能连续上举8~10次，感觉接近极限为宜

1 哑铃超级飞鸟

简易组合动作一

锻炼目标	胸大肌外侧
锻炼效果	做哑铃超级飞鸟时，后腰部处于悬空状态，能加强对胸部的刺激，更有效地伸展胸大肌，让你的胸部肌肉更加饱满
锻炼组数	3~5组，每组8~10次

Step 1 半卧于平凳，双脚平踩于地面，双腿弯曲大概成 90°，腰部中段接触平凳边缘，臀部悬空，双手紧握哑铃，掌心相对，将哑铃放于大腿上。

Step 2 胸部挺起，手臂伸直将哑铃举于胸大肌正上方，保持臀部低于平凳，双脚发力控制身体平衡。

Step 3 躯干以下位置保持不动，手肘保持一定角度，扩胸将哑铃落向身体两侧下方，双手掌心旋至朝向体前。

Step 4 双臂打开，胸部挺起，手肘低于肩部，肘关节角度在160°左右。

教练提示

1. 动作进行过程中，双脚发力将下身稳定，臀部低于凳子，并注意掌心方向的变化；手臂伸展收回时，胸大肌始终挺起，感受胸部的受力情况。

2. 胸部挺起发力时，呼气；肌肉放松回收时，吸气。

2 上斜杠铃卧推

高级组合动作二

锻炼目标	胸大肌中部
锻炼效果	杠铃的推举能更好地训练胸部中束肌肉，加快胸部肌肉的增长，增大胸部肌肉的围度，同时这个动作还能加强手臂和肩部力量，让手臂和肩部肌肉更加有型
锻炼组数	3~5组，每组8~10次

教练提示

呼吸方法同哑铃上斜板飞鸟式动作一样。动作进行时腹部始终收紧，腰部微微弓起，高度以一手掌的厚度为宜，避免塌腰。另外，要非常注意控制杠铃的起落速度，重量选择上要从轻到重，训练两组后方可适当加重，否则容易造成身体的损伤。

Step 1 仰卧在30°~45°的斜长凳上，两脚踩实，上背部和肩部紧贴长凳，收腹挺胸，采用宽距握杠，掌心向上，保持杠铃位置接近锁骨或第一、第二根肋骨处。

Step 2 以胸大肌的收缩力推杠铃，至两臂伸直，在顶峰处保持片刻，然后控制杠铃缓慢降至起始位。

3 哑铃下斜板卧推

高级组合动作三

锻炼目标	胸大肌下束
锻炼效果	下斜板卧推的动作能更好刺激胸部下方肌肉，让胸部下缘更加方正有型，让胸部轮廓变得清晰，更具有立体感
锻炼组数	3~5组，每组8~10次

Step 1 仰卧于下斜板，头部低于躯干，双腿弯曲，钩住凳子外侧横杠，稳住身体；双手紧握哑铃，掌心相对，放于髋关节位置。

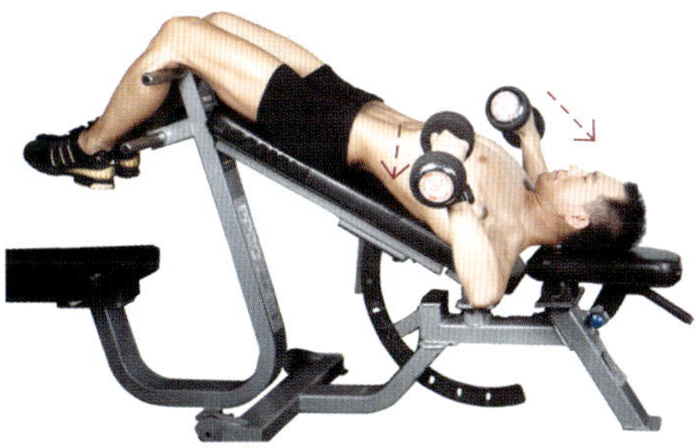

Step 2 翻手腕，弯曲手臂，将哑铃放下，让胸部肌肉充分打开。

Step 3 挺胸，将手臂伸直，掌心向外将哑铃推向胸部下方，注意腰部应发力挺起。

Step 4 保持卧姿不变，双臂旋至掌心相对，挺背并调整好呼吸。

Step 5 双臂打开，伸张胸部，掌心保持相对，像环抱一个球状物体。双臂打开到比头部更低的位置，停顿1~2秒钟，控制哑铃，匀速恢复到起始位置，重复上述动作练习。

教练提示

1. 下斜板卧推分为两种，一种是掌心相对，另一种是掌心面对身体下方，可根据自身的力量条件做不同的选择，在动作过程中保持挺胸收腹。

2. 发力推举和扩胸时，呼气；动作恢复肌肉放松时，吸气。

PART 07

健身先生

教你练出傲人的“王”字腹肌

褪去上衣，露出傲人的六块腹肌，
无论在哪里都能惹来艳羡的目光。
“王”字一样的腹肌，
不仅仅是好身材的代名词，
更是青春活力的象征。

行动起来，不要让你的腹肌变成“O”字形，
也不要让年纪轻轻的你就挺着大肚皮，
那不再是富有的象征，
而是身材走样、身体羸弱的标志。

腹部肌肉群在人体的中央位置，我们常将其称为核心部位。它主要包括腹直肌、腹外斜肌、腹内斜肌、腹横肌。

腹直肌位于腹前壁正中线的两旁，居腹直肌鞘内，为上宽下窄的带形多腹肌，起自耻骨联合和耻骨嵴，肌纤维向上止于胸骨剑突和第5~7肋软骨前面。腹直肌能够使脊椎向前弯曲，压缩腹部。

腹外斜肌位于腹外侧面及前面的浅层，是形状扁阔的肌肉，收缩时可使脊柱前屈或者控制身体转动。

腹内斜肌位于腹外斜肌的深面，肌纤维方向与腹外斜肌相反，是从后上方斜向前下方，自髋结节下行，肌质逐渐变为腱膜，与腹外斜肌腱膜相交织，止于腹白线。腹内斜肌收缩时可使脊柱前屈或者控制身体转动。

腰部肌肉主要为髂腰肌，髂腰肌由髂肌和腰大肌组成，髂肌呈扇形，起自髂窝；腰大肌呈长方形，起自腰椎椎体侧面及横突。两肌向下相合，经腹股沟韧带深面，止于股骨小转子。

去除脂肪，让腰腹部“显山露水”

本节适用人群	希望通过运动调节身心和保持身体健康的男士
本节锻炼功效	越来越多的男士开始关注自己日渐发福的肚子，对腹肌的需求也越来越大；下面介绍的动作，主要是帮助男人去除腹部的赘肉，让凸起的肚子变得平坦，还能有效去除腰部的“游泳圈”，让你显得更有精神、更加帅气
本节运动强度	每周3次，一次30分钟左右
本节器材选择	初级锻炼可以选择徒手或者轻重量的哑铃等器材，哑铃等器材重量为能连续上举15~25次，感觉接近极限为宜

1 俯卧上仰

简易组合动作一

锻炼目标	腰部肌肉群以及腹外斜肌
锻炼效果	针对腰部的动作，能有效消除腰部两侧的赘肉，增加腰部力量，改善腰身曲线，还能很好地锻炼到腹外斜肌，减少侧腰脂肪的堆积，为打造倒三角做基础。此外，还可以缓解生活、工作中腰部出现的劳损等现象
锻炼组数	3~5组，每组8~10次

教练提示

身体向上仰起时吐气，慢落时吸气。动作过程中双脚始终固定，腿部没有参与运动。

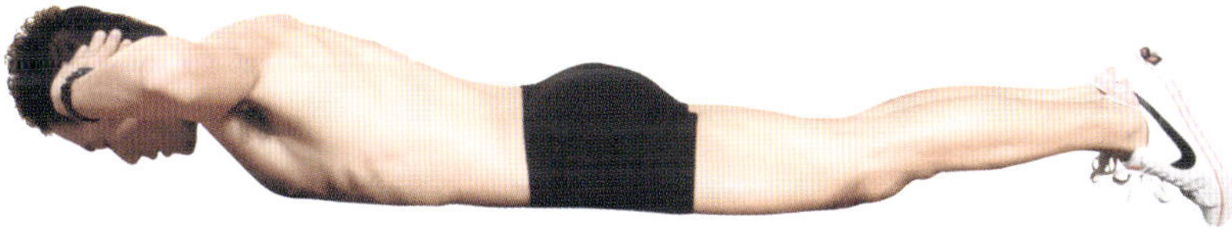

Step 1 双手放于耳边，俯卧。

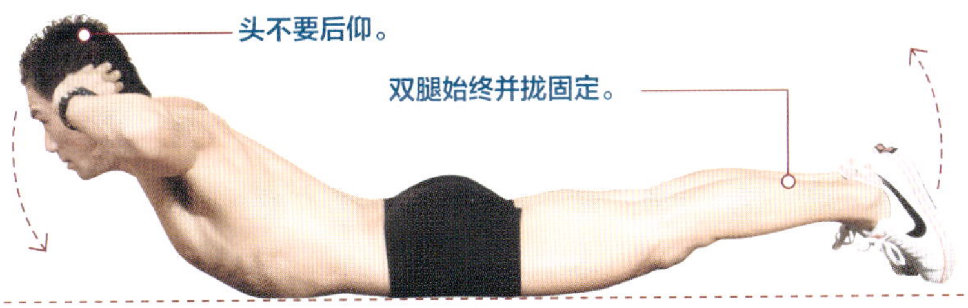

Step 2 上半身向上仰起，胸部离地，颈部伸直，不要后仰。身体抬起到最高点处持续3秒钟，然后恢复到上一个动作。

2 俯卧游泳式

Step 1 俯身趴在地面，双臂向前伸直，双腿并拢，头部与腿部同时向上抬起，腹部紧挨地面。

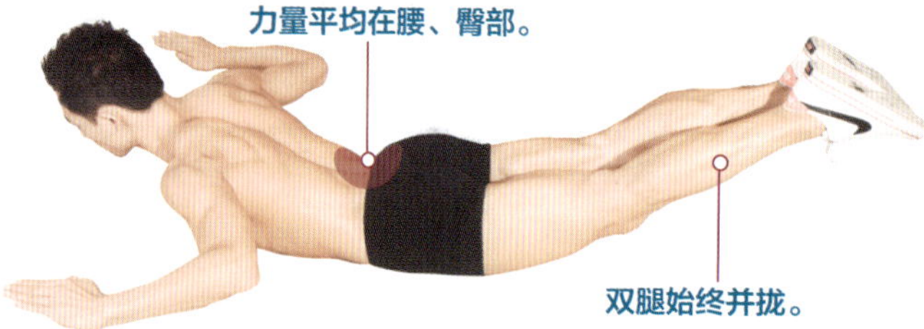

Step 2 双手肘弯曲，作游泳状。

教练提示

动作进行时调整身体位置，减少对髋关节的压力。手臂弯曲和双腿并拢抬起要同时进行，不要将双脚抬起过高，把力量平均在臀部和腰部。

3 站姿交叉转体

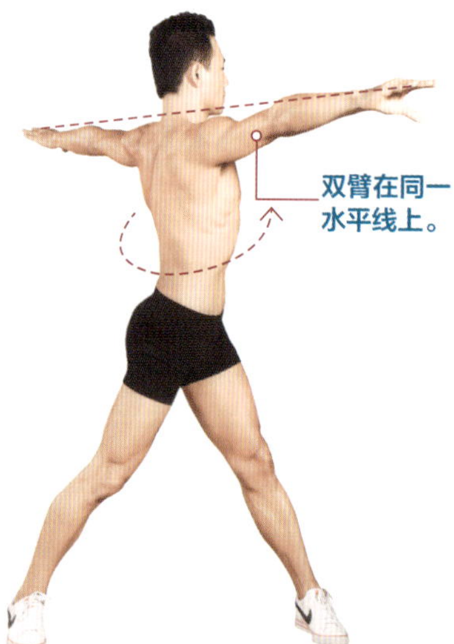

Step 双腿大跨步分开站立，双手水平打开，双腿不动，上体向左后方转动。然后上体再向右转动。做动作时要连贯。

错误动作：手臂应保持在一条水平线，如未将手打开，则伸展不到胸部肌群。

教练提示

做转体时应注意控制力度，尽量在身体承受范围内，不要一味追求旋转幅度大，而拉伤腰部。

4 山羊挺背

Step 1 身体置于器械上，上半身抬起，腹部收紧，身体保持成一条斜线。

Step 2 双腿蹬直，双手抱头，脊柱慢慢向下弯曲，然后还原到起始动作。

教练提示

当上体慢慢向下弯曲时吸气，挺身时吐气。注意控制动作速度。

温馨提示

吃零食能起到临时充饥的作用

在特殊情况下，不能食用正餐，或正餐质量不好时，便可在工作间隙，进食自己喜欢吃的零食，起到临时充饥和保健的作用。从某种意义上来说，非常时期的零食，兼有“主食”和“副食”的功能。

5 屈臂侧卧

Step 1 身体侧卧于地板或垫子上，双脚并拢伸直，单臂伏地稳住身体，另一只手握住哑铃，放于髋关节外侧。

Step 2 保持侧卧姿势不变，双脚保持并拢，双腿和头同时向内收起，保持在同一水平线上，伏地手臂保持住身体重心，负重手臂保持微微弯曲。

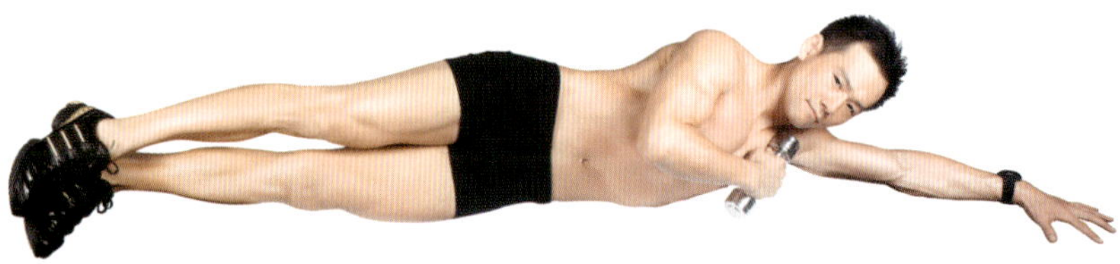

Step 3 侧卧姿势保持不变，双腿、双脚夹紧，负重手臂弯曲，手握哑铃靠于胸部。

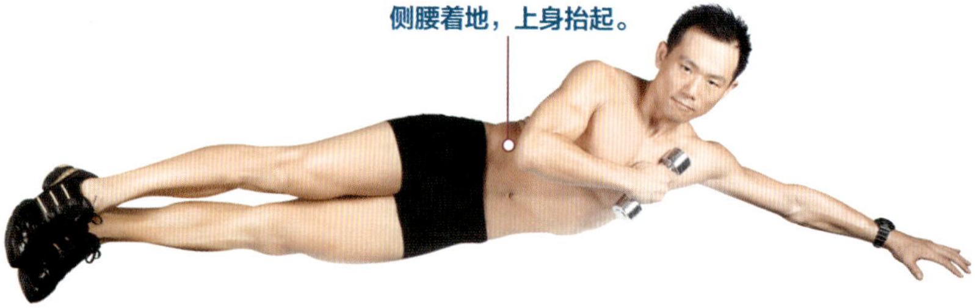

Step 4 双脚并拢保持不变，上半身向上举起，感受腹肌的拉伸。

教练提示

1. 此动作有多种选择，可以将哑铃放于身体外侧，双脚和头部同时卷起将力量集中于身体外侧，也可以将手臂放于胸前不抬起，双脚进行训练。

2. 吐气时，双脚和头部抬起；吸气时，控制头部和双脚的匀速落下。

6 仰卧扭腰

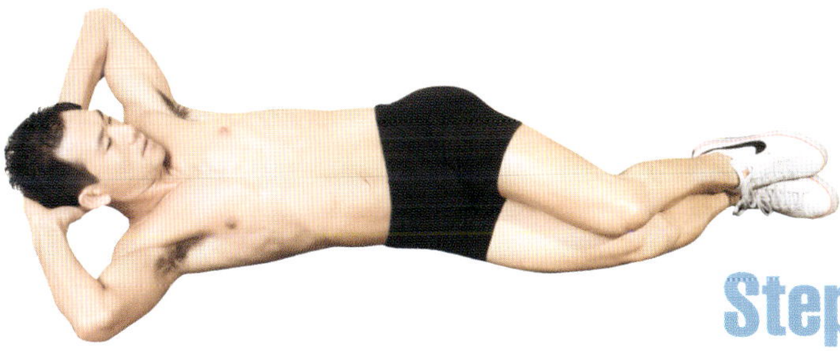

Step 1 仰卧在垫子上，双手抱头，侧身，一条腿压在另一条腿上，右手肘着地。

教练提示

注意侧腰的变化，侧腰有明显的收紧。

Step 2 手肘往上抬起，身体侧转。换另一边重复此动作。

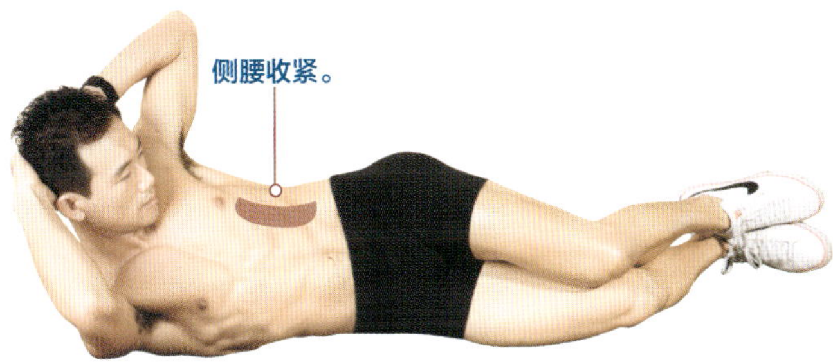

7 负重皮筋身体侧弯

Step 将皮筋固定在某一处，身体侧躺，右手弯曲抱头，脚底撑住受力物。左手拉皮筋，利用皮筋的拉力将上半身慢慢抬起。换另一边重复此动作。

教练提示

在动作进行时，尽量靠侧腰收缩的力量将躯干抬起。

温馨提示

力量器械的性能要求

训练时应感觉流畅，能使目标肌肉训练效果明显。安全性要高，接触面要舒适，易于更换与清理。

8 腹肌收缩

简易组合动作二

锻炼目标	上腹部
锻炼效果	有效地锻炼上腹部，让上腹部肌肉线条更加明显，还能锻炼到你的胃，提高胃部消化能力
锻炼组数	3~5组，每组8~10次

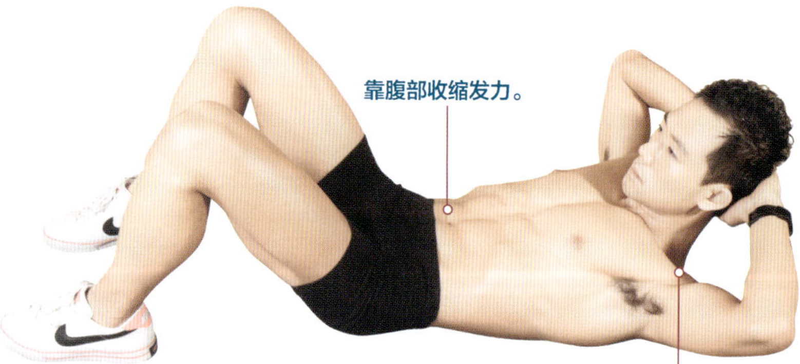

Step 仰卧，双膝弯曲成 90°，两腿分开，脚掌平放于地面。腰背部紧贴地面，收腹。双手放在后脑上，呼气时候慢慢抬起头和肩膀，双腿不动，腰部不离地面，保持这一姿势。重新吸气，同时朝地面缓缓躺下，肩膀刚一触及地面就立即重复锻炼，不要放松腹部。

教练提示

动作进行时注意呼吸方式，发力向上卷起收缩时吐气，匀速躺下时吸气。注意头部颈部不是主要发力点，而是靠腹部收缩带动躯干上部抬离地面。若力量使用错误，会让颈部受损，而目标区域没有任何训练效果。

温馨提示

户外踏青可治疗抑郁症

据研究表明：户外行走后，有 71% 的人认为抑郁与焦虑程度降低，90% 的人认为自尊心增强了。与此相比，22% 的人认为，在室内时他们的压力程度有所增加，还有人感到紧张，认为自尊心遭到重挫。

9 V字抬腿

简易组合动作三

锻炼目标	腹直肌
锻炼效果	针对腹部中部的锻炼，能有效去除腹部堆积脂肪，加强腹部核心力量，保护腰椎，增加腹部肌肉含量，让腹部肌肉线条更加明显，让“王”字腹肌越来越清晰
锻炼组数	3~5组，每组8~10次

教练提示

动作进行中，双手不能太过用力拉扯头部，更多注意力放在腹部上，同时尽量收紧腹部，让肌肉始终保持收紧状。

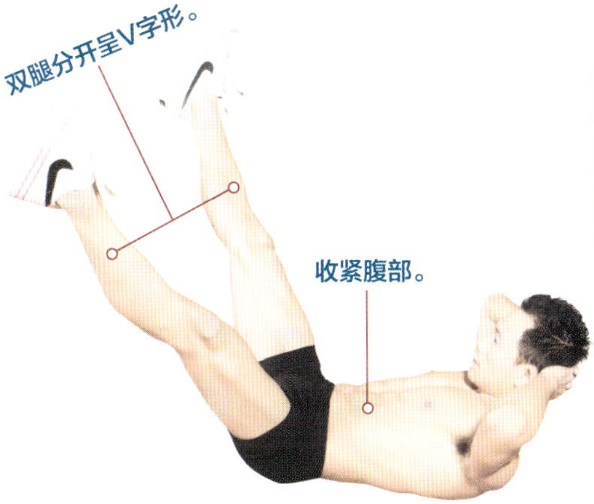

Step 双腿分开呈V字形，抬起伸直，同时双手抱头抬起，保持此姿势10秒钟，一边呼气一边缓缓放下双腿。

10 抬腿式两头起

Step 1 仰卧在地，身体呈伸展状态，两手在头顶伸直，两腿并拢。

Step 2 两腿抬起与地面成90°，两手臂向上伸直，上体尽可能抬起。腹肌做“顶峰收缩”并保持片刻，然后控制身体缓慢还原。

教练提示

仍然注意控制呼吸，呼吸方法同其他腹部练习相同。动作中，手臂只是向脚尖方向举起，不要用手抓住双脚，更不能让腰部抬离地面，否则容易受伤。

11 俯卧双臂支撑

Step 1 双手撑地，收紧核心部位，两腿并拢伸直，俯身向下。

Step 2～3 左腿弯曲，接着向后抬起，高度不宜高过头顶位置。反复屈伸，换右腿重复此动作。

教练提示

步骤1动作可以单独练习，作为控腹训练。步骤2中向腹部屈腿时吸气，步骤3中伸展腿部时吐气。此外，整个动作进行中，核心部位保持收紧，减少对腰部的压力，背部尽量控制不动，不要有太大起伏。

温馨提示

喝紫葡萄汁有益健康

紫葡萄汁中有一种抗氧化剂——多酚，含量较高，活动性较强，有益健康。抗氧化剂在保护人体免受自由基损害方面发挥着关键作用，它通过抑制自由基来维持身体氧化平衡，延缓衰老，并降低癌症和心脏病等疾病的发病风险。

简易组合动作四

12 直立屈腿

锻炼目标	中下腹部
锻炼效果	中下腹部是“王”字腹肌中比例很大的一部分，下面的动作主要是针对腹部中部和小腹的练习，能加强整个腹部肌肉力量，让六块腹肌线条更加明显
锻炼组数	3~5组，每组8~10次

Step 双手叉腰，左腿站立，右腿抬起伸直，重心放在左腿，保持3秒钟；然后右腿由伸直状态至吸腿成90°，保持3秒钟。换另一条腿重复此动作。

教练提示

动作进行时注意呼吸，用力吸腿时吐气。控制动作力度，保持身体重心，避免出现晃动。支撑腿应始终保持直立，而且跟躯干在一条直线上。

13 举手吸腿

Step 1 双脚跨步开立，双手举过头顶，左脚脚尖踮起。

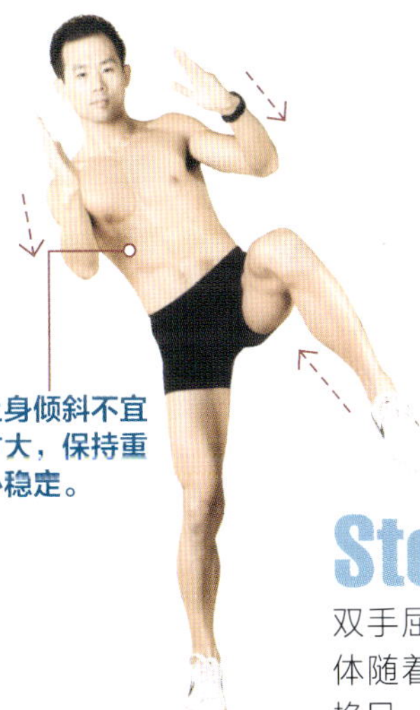

Step 2 左膝盖弯曲，抬起，双手屈肘略高于肩膀，身体随着动作向右侧倾斜。换另一侧，重复此动作。

教练提示

控制动作进行时身体的稳定性。在动作进行到图2时，停顿2~3秒钟，这样效果更好。

14 仰卧举腿

Step 1 身体仰卧于地面，双腿打开与肩同宽，膝关节弯曲成 90°，双脚平踩于地面，双手自然放于身体两侧。

Step 2 卧姿不变，保持挺胸收腹，将双腿向上抬起伸直，将双脚举于腹肌正上方。

Step 3 继续上举双脚，让髋关节与腹部夹角小于 90°，让双脚收缩到头部正上方的位置。

Step 4 腹部保持收紧，发力控制双腿还原下落，指向身体一侧。

Step 5 双腿和腹部收紧，发力将双腿指向身体另一侧。

教练提示

1. 本图中双脚并没有负重，可以根据自己的腹部力量来选择负重，但需要注意双脚夹紧哑铃，防止哑铃滑落砸伤，可以根据自身情况选择双腿的伸展程度和高度。

2. 吐气，将双腿发力向上举起；吸气，控制双腿匀速落下。

增加腰腹肌肉含量，凸显“王”字腹肌

本节适用人群	希望通过运动减脂、塑形，让自己拥有型男好身材的人士
本节锻炼功效	在游泳馆里褪去上衣，露出傲人的六块腹肌，不仅能吸引很多女士艳羡的目光，也是所有男士的梦想。本节主要是针对男人腹肌容易呈“O”形所设计的动作，能快速让你的腹部肌肉凸显出来，并且能有效抑制腰部赘肉的生长
本节运动强度	可以选择每周3~4次，一次45分钟左右
本节器材选择	中级锻炼可以选择稍微重一点的哑铃，哑铃重量为能连续上举15~20次，感觉接近极限为宜

1 哑铃仰卧起坐

中级组合动作一

锻炼目标	腹部肌肉群
锻炼效果	腹部肌肉包括腹部上、中、下部肌肉，本节安排的动作能有效燃烧腹部脂肪，增加腹部肌肉含量，让你的“王”字腹肌凸显出来，还能提高你的胃部消化能力，增强你腹部的抗压能力，让你的身体更加健康
锻炼组数	3~4组，每组10~15次

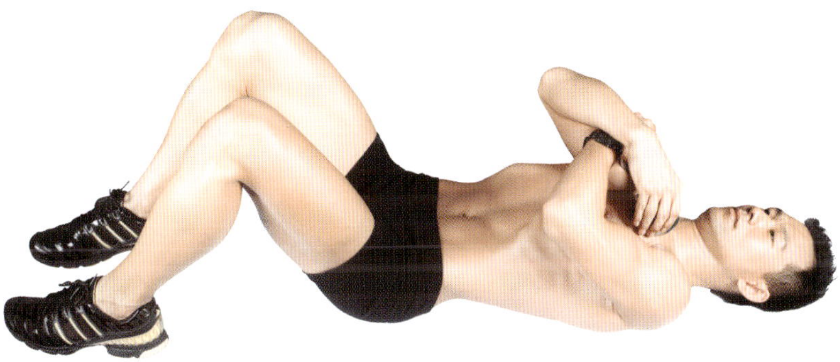

Step 1 平躺在地面或垫子上，双脚打开与肩同宽，双脚平踩于地面，前臂交叉扣住哑铃，放于胸前位置。

双脚平踩于地上，
控制身体重心。

Step 2 腹部发力将躯干卷起，背部微微抬起。

Step 3 努力将身体卷起更高，直至肩部高于膝盖位置，然后匀速落下。

教练提示

1. 可以根据腹部肌肉力量选择将躯干卷起的高度。动作幅度大，效果会更加明显。在动作进行中，腹部保持缩紧，尽量固定住双脚。

2. 吸气，打开胸腔，腹部收紧；呼气，将躯干卷起。

温馨提示

乳清蛋白

在训练前后各服用20克乳清蛋白，可取得显著的肌肉增长效果。乳清蛋白在体内消化很快，它能够在训练过程中及时提供肌肉增长所需的氨基酸。乳清蛋白还可以帮助体内氨基酸从休眠时的分解代谢状态转化成合成代谢状态，为肌肉的增长做好准备。

2 仰卧腿屈伸

Step 1～2 仰卧在地面，收腹，双手放在身体两侧，手掌朝下，双膝弯曲抬起，朝胸部移动。

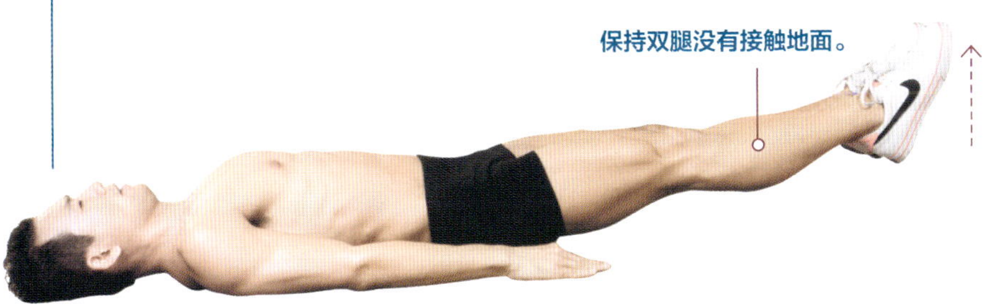

Step 3 吸气，同时慢慢地伸直双腿，并拢，保持脚跟落下时没有接触地面。

教练提示

动作难度系数比较高，要控制好双腿运动时的速度，快起慢落。在双腿收起时不要用力过多，尽量把所有力量集中至中下腹部。

温馨提示

➲ 如何拥有强壮的骨骼

美国宾夕法尼亚州立大学的研究发现，每人每天至少摄入 1000 毫克的钙质，对于预防骨质疏松至关重要，但是对于年轻人而言，锻炼对于骨骼的重要性甚至要超过补充钙质。专家指出，如果不经常参加体育锻炼，即使喝再多的牛奶也起不到防止骨质疏松的作用。强壮骨骼的最佳方法就是负重锻炼，其中包括攀爬楼梯、骑自行车、散步以及力量练习等。

3 仰卧吸腿

Step 1 仰卧在平凳上，双腿并拢夹紧一只哑铃，双腿弯曲，双手抓住平凳。

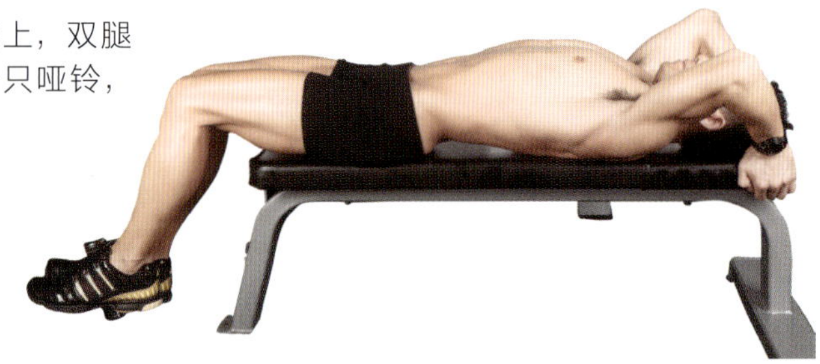

Step 2 双脚夹紧哑铃，发力抬起大腿，举向身体，小腿与大腿的角度大约成 90°。

Step 3 大腿保持固定位置不变，发力将小腿伸直与大腿成一条直线，停顿 1~2 秒钟。

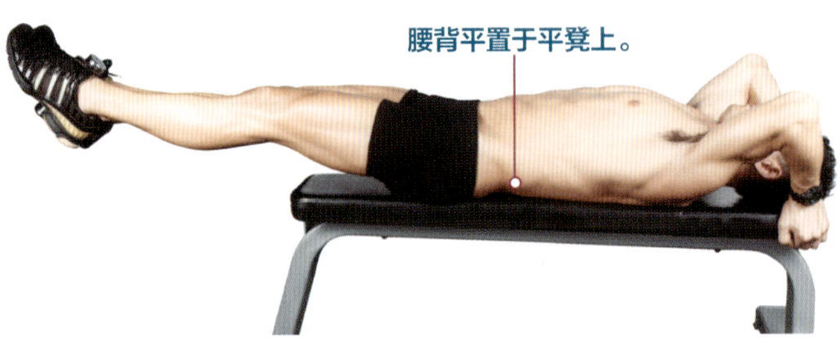

Step 4 双腿保持伸直状，匀速向身体下方落下。

教练提示

1. 此动作可以分为屈腿和直腿，可根据自身的情况选择。

2. 遵循肌肉伸展时吸气、发力将哑铃举起时呼气的呼吸原则。

4 仰卧交替哑铃举

Step 1 躯干仰卧在平凳上，双手、双腿向外伸直，保持双臂夹紧头部，双脚夹紧哑铃。

教练提示

1. 此动作为高级动作，可根据自己的腹部力量来选择，注意双手、双脚之间的配合，在动作过程中，注意夹紧哑铃，防止哑铃滑落。

2. 遵循发力时呼气、肌肉伸展时吸气的呼吸原则。

Step 2 收腹，双腿弯曲，上身发力抬起，双手摘取双脚间的哑铃。

Step 3 哑铃交换到手后，上半身恢复至平躺状态，双手握住哑铃向后背伸展落下，双脚保持并拢且慢慢落下。

Step 4 恢复到起始状，上半身发力抬起，双手握紧哑铃，放于膝盖处。

5 坐姿转腰

中级组合动作二

锻炼目标	腰部肌肉群
锻炼效果	能减少腰部两侧的脂肪，较好地去除腰部赘肉，避免“游泳圈”的出现，还能改善腰部灵活性，强壮腰椎，增加腰部力量
锻炼组数	3~4组，每组10~15次

教练提示

起始动作要求身体保持稳定，腹部始终是收紧的。依靠腰部的力量带动躯干的旋转，而不是腿部发力。

Step 1 坐在转身器上，手扶椅柄，上身挺直，腹部收紧，双腿固定于器械上。

Step 2 呼气，身体慢慢向左侧旋转，吸气，还原动作。然后向右旋转重复此动作。

6 哑铃站姿体侧屈

Step 1 直立，双脚打开与肩同宽，挺胸收腹，双眼正视前方；双手对握哑铃，双臂微弯，自然垂于身体两侧。

Step 2 保持站立姿势，腹部保持收紧，腰腹发力将躯干向右侧倾斜。

Step 3 右侧倾斜恢复后，向左侧倾斜。

教练提示

1. 将躯干倾斜时，双腿尽量保持直立，保持挺胸收腹。

2. 在动作进行过程中，身体向一侧屈体时吸气、动作还原时吐气。

突破自我
高级动作

挑战肌肉极限，让你的“王”字腹肌更加饱满

本节适用人群	喜爱运动和对身材有特殊需求的健身健美达人
本节锻炼功效	一个拥有健美身材的男人，他的腹肌无疑是最耀眼的地方，也是最让女人为之惊叹着迷的地方，漂亮的腹肌不仅仅要呈现明显的“王”字，还需要腹部各块肌肉饱满，腰部显得健硕、有形
本节运动强度	可以选择一周三分化的训练模式，每个部位一周练习两次，一次20~30分钟
本节器材选择	高级锻炼可以选择稍微重一点的哑铃等器械。器械重量选择为能连续上举8~10次，感觉接近极限为宜

1 俯卧滑轮减腹

高级组合动作一

锻炼目标	腹部肌肉群
锻炼效果	可以深层强化腹直肌力量，同时加大肌肉纤维弹性。 更有效地加强腹部肌肉力量，让横膈膜墙受力收缩。 能较明显地消耗腹部脂肪，让你的腹外斜肌更加明显
锻炼组数	3~5组，每组8~10次

教练提示

该组动作是腹部肌群练习的高难度动作，没有训练基础者请勿直接练习。此外，动作进行时要避免出现塌腰和弓背现象，而且要时刻收紧核心部位。

Step 1 双膝跪在垫子上，手推滑轮，慢慢俯身，两小腿交叉。

Step 2 控制滑轮滚动，上身慢慢降低，快要碰到地面时，手臂伸直，两小腿保持交叉。然后收缩还原至步骤1的状态。

2 站姿滑轮屈伸

Step 1 双脚并拢夹紧，俯身，双腿伸直，双手握住滑轮，感受身体韧带的拉伸，保持腹部收紧。

Step 2 双腿伸直将双臂向前方推出，手臂和躯干保持在一条直线上，躯干和腿成 90° 夹角。

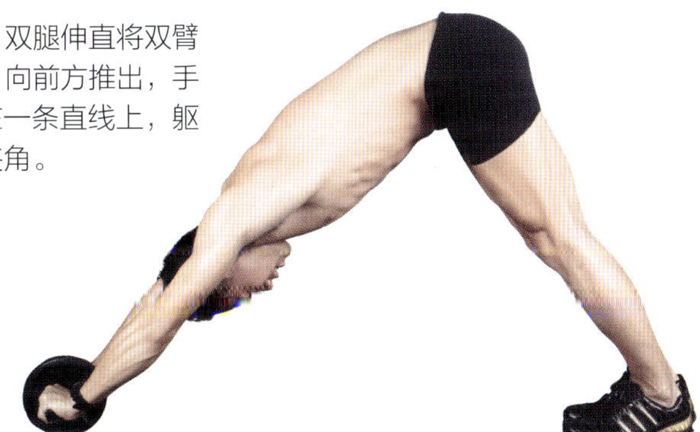

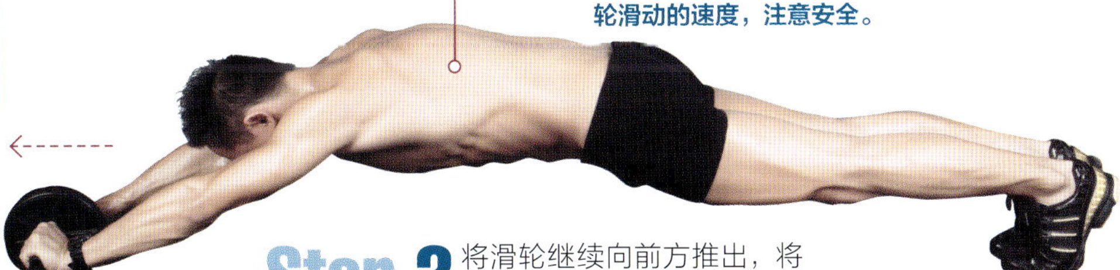

做此动作之前应全身发力控制滑轮滑动的速度，注意安全。

Step 3 将滑轮继续向前方推出，将手臂和身体形成一条直线，双脚脚掌发力撑地，腹部发力保持身体平衡。

教练提示

1. 此动作为高级动作，腰部有损伤者不能选择此动作；在动作进行中，腹部始终收紧，每做一个单独动作时，尽量停顿 1~3 秒钟。

2. 发力将哑铃向前推时，吐气；控制身体内收时，吸气。

温馨提示

力量训练不需要天天练习

很多初学者认为，力量训练需要每天进行，这样效果会更好。其实这样做很容易导致身体肌肉疲劳，发生慢性损伤。人的肌肉是在休息中成长的，练习只是一个打破肌肉动态平衡的过程，然后让肌肉在轻微损伤中修复，使肌肉增粗，力量增加，所以力量训练特别需要科学合理的休息。

PART 08

健身先生
教你锻炼臀、腿部的动作

千里之行，始于足下，
是时候关注一下自己的下半身了。
结实上翘的臀部总是让人精神抖擞，
粗壮有力的大腿凸显男人的阳刚和力量，
线条匀称的小腿更是展示出男人的行动魄力。

新时代的好男人，
不仅仅需要拥有完美的上半身，
更需要拥有健壮的下半身。
修长的腿部与强壮结实的臀部，也是健美身材的重要指标。
行动起来，让你的臀部与腿部肌肉发达起来，
让你的身材变得更加完美。

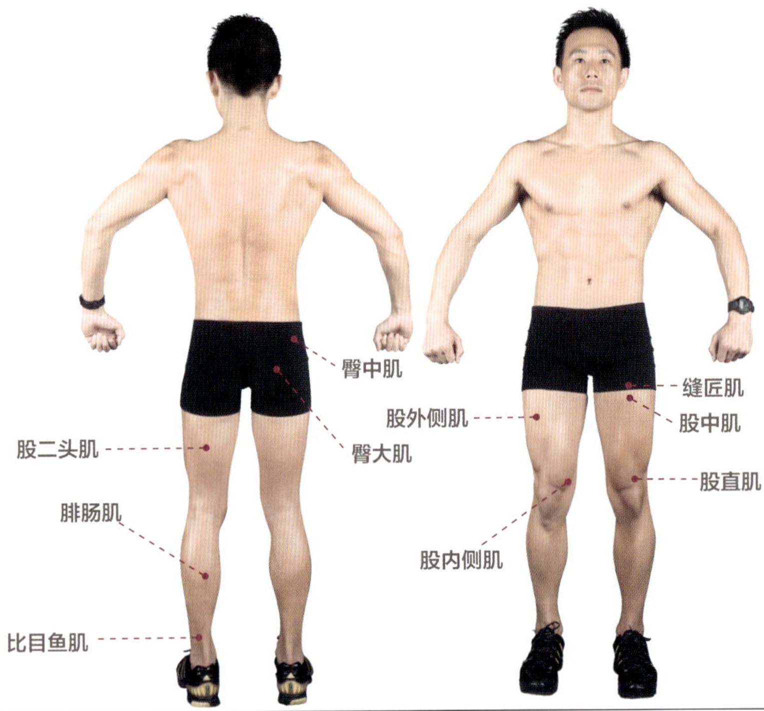

臀部肌肉群主要是由臀大肌、臀中肌和臀小肌组成，其中以臀大肌为主要肌肉。

臀大肌这块肌肉很发达，位于骨盆后外侧面，起于髋骨翼外侧、骶骨和尾骨后部，止于股骨臀肌的粗隆处。该肌上半部收缩可使大腿外展，下半部收缩可使大腿内收，能够维持人体直立姿势、固定骨盆同时还能使髋关节内旋和外旋。

腿部肌肉群主要由大腿的股四头肌、缝匠肌、股二头肌、腓肠肌和比目鱼肌组成。

股四头肌是人体最有力的肌肉之一，位于大腿前表皮下，有四个头，即股直肌、股中肌、股外肌、股内肌。股四头肌的主要功能是伸膝和屈腿。

缝匠肌是大腿前面细长的肌肉，贯穿大腿至小腿，常涉及交叉或合并的肌肉，对大腿前群肌起加固作用，用于腿的整体动作。

小腿后面浅层的大块肌肉，俗称“小腿肚子”，即腓肠肌。腓肠肌的下端形成坚韧的跟腱连接跟骨，对人的直立和行走起着重要作用。

腓肠肌下面扁平的小腿肌肉，由于形似比目鱼，故名比目鱼肌。比目鱼肌只有一个头，起于胫骨和腓骨的上后部。它与腓肠肌的两个头合在一起称“小腿三头肌”，并合成一个肌腱，止于根骨结节。

紧致大腿肌肉，提升臀围线

本节适用人群	希望通过运动调节身心和保持身体健康的男士
本节锻炼功效	新时代的好男人不仅需要健美的身材，还要具备一定的“负重陪逛”能力，羸弱的腿部力量可达不到要求。修长的腿部，不仅仅是女人的追求，男人也需要拥有
本节运动强度	每周3次，一次30分钟左右
本节器材选择	初级锻炼可以选择徒手或者轻重量的哑铃等器材，哑铃等器材重量为能连续上举15~25次，感觉接近极限为宜

1 俯身蹬腿

简易组合动作一

锻炼目标	股二头肌以及臀部肌肉群
锻炼效果	主要是针对大腿后侧股二头肌的训练，能更好地增强大腿力量，使股二头肌纵向增粗，还能有效地锻炼臀部肌群，预防臀部松弛下垂
锻炼组数	3~5组，每组8~10次

Step 1 双腿分立，身体前俯，双膝微屈，膝关节不要超出脚尖，双手向后伸展开。

双脚绷直。

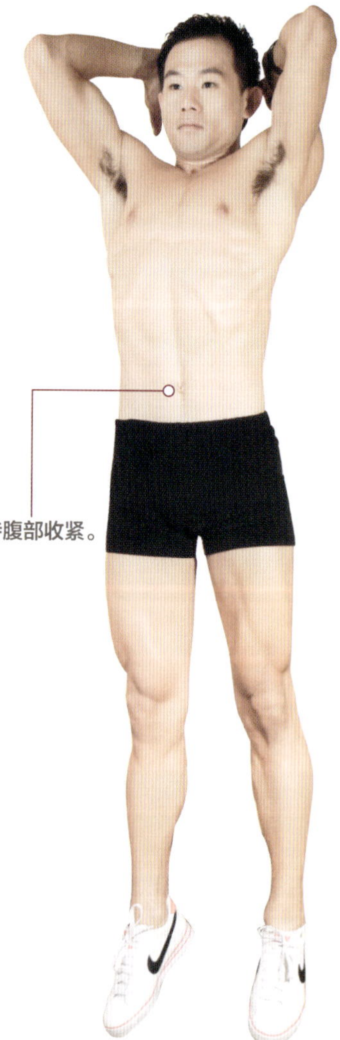

保持腹部收紧。

Step 2～3 双腿迅速伸直向上跳跃，双臂弯曲向脑后摆起。

教练提示

俯身下蹲时吸气，起身跳跃时吐气。动作过程中，核心部位始终收紧，同时控制重心稳定。

温馨提示

温水沐浴，解除疲乏

睡觉前洗个热水澡能消除一天的疲劳，让你轻松入睡。水温不要过高，以35℃ ~45℃为宜，让全身肌肉、关节松弛，血液循环加快。洗澡时间不宜太长，盆浴20分钟，淋浴3~5分钟即可。

2 俯卧后摆腿

Step 1 双腿弯曲成 90° 跪在地面上，双手撑地。

教练提示

保持核心腹部收紧。动作进行中注意保持重心在身体中轴线上。

Step 2 右腿抬离地面，尽量抬高，保持这个状态 15 秒钟。换另一条腿，重复该动作。

3 俯卧腿弯举

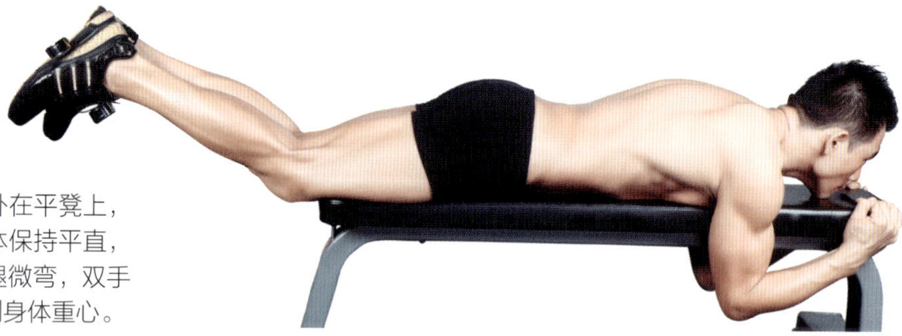

Step 1 俯卧在平凳上，身体保持平直，双脚夹住哑铃，小腿微弯，双手抓住平凳外侧，控制身体重心。

Step 2 发力将小腿向上弯曲，将哑铃举向身体后上方，膝关节夹角约成90°。

Step 3 小腿继续向体后弯举，让膝关节夹角大于90°。

教练提示

1. 双腿向后弯曲时，可以根据自身情况选择不同的弯曲角度，不同角度对大腿后侧刺激力度不同。

2. 发力小腿弯曲时，呼气；腿部恢复放下时，吸气。

4 徒手蹬式蹲腿

Step 1 左脚站立，右脚脚尖搭在板凳上，双手叉腰。

Step 2 左右腿同时屈膝，保持3秒钟，回到起始动作。换另一侧重复该动作。

教练提示

双脚左右间距同样保持一脚的宽度，动作中始终收紧腹部。

温馨提示

➲ 男士也要注意形象维护

美容不再是女人的专利，时尚男士也应该注意保养自己的脸部。在细胞修复的最佳时刻，不喜欢麻烦的男士自然不爱花过多的时间去敷面膜，但适时地搽一搽滋润晚霜也是不错的选择。

5 站姿抬腿

简易组合动作二

锻炼目标	股四头肌、腓肠肌以及腹部肌群
锻炼效果	对腿部肌肉的简易练习，能拉伸腿部韧带，活动膝关节，加强身体平衡和协调性，练习到腿部前面的股四头肌，还能减掉大腿后侧的赘肉，同时能将腹部锻炼得更为平坦
锻炼组数	3~5组，每组8~10次

教练提示

将身体保持直立状，然后把腹部收紧；动作进行时腹部始终都是用力收紧的，要感觉到腹部的中下部位在用力控制腿；尽量控制动作的幅度，避免出现晃动，影响动作的效果。

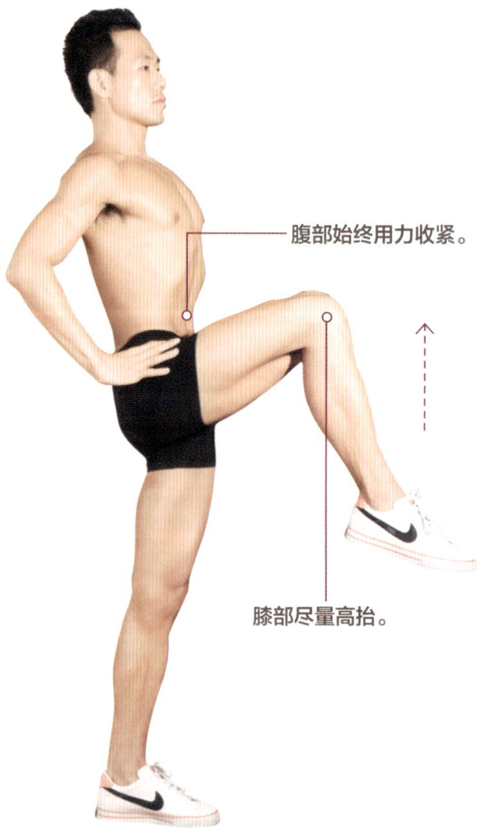

Step 左腿单独站立，双手叉腰，重心放在左脚上，右腿抬离地面，尽量抬高。抬头挺胸收腹，上半身挺直。再换右脚重复此动作，为一套完整的动作。

错误动作：未收腹，抬腿不够高，有无力感。

6 站姿前踢腿

Step 双手叉腰，挺胸收腹，左脚站立，右腿伸直，与地面成 90°，重心放在左脚上。左右脚可互换做该动作。

教练提示

首先要收紧腹部，保持身体的稳定，其次尽量让身体控制在直立状态下，不要含胸驼背；控制身体重心，不要晃动身体。不论是站立腿还是前踢腿，都要伸直、有力；前踢腿与地面成 90°。

错误动作：前踢腿与地面未成90°，达不到锻炼效果。

7 侧踢腿

简易组合动作三

锻炼目标	臀部肌肉群、大腿内侧肌群及腹部肌群
锻炼效果	这一组动作主要是锻炼臀部肌肉群，能有效刺激臀部肌肉，让臀部变得紧实圆润，减少随年龄增长出现的下垂现象，同时对大腿内侧和腹部外侧肌肉都有紧致作用
锻炼组数	3~5组，每组8~10次

教练提示

动作从站立状进行，可以调整到自己能够适应的角度，如图1或是图2；支撑腿保持直立，同时用力收紧腹部，在控制中尽量使臀部和侧腰发力。

Step 1 单腿站立，抬起一侧腿，使该腿与身体成一条直线，两手握拳，右臂弯曲成90°。

Step 2 上腹部与臀部用力，腿部向上提起至与地面平行的高度，然后恢复到站立状。

8 站姿后摆腿

Step 1 站在器械上，双手扶握手柄，手臂伸直，左腿搭在器械上成 90°，右腿站直。

教练提示

当腿部向后伸展、收缩臀部肌肉时吐气，动作还原至起始状态时缓慢吸气。整个动作过程始终保持身体直立。

Step 2 左腿向后摆，收缩臀部肌肉。然后恢复到起始姿势，换另一侧做此组动作。

9 俯卧腿屈伸

Step 1 俯卧在地面或者垫子上，双臂伸直，以手掌支撑。右腿屈膝成 90° 撑在地面上，左腿屈膝上抬成 90°，大腿与背部保持水平。

Step 2 将左腿尽可能向上伸，保持此状态 1~3 秒钟，吸气，恢复到起始状态。换另一侧进行该动作。

教练提示

此组动作幅度较小，弯曲腿向身体后上方提起时，应保持躯干部位没有变形，落下时弯曲腿的大腿应与背部保持水平。

10 坐姿提踵

简易组合动作四

锻炼目标	腓肠肌
锻炼效果	针对小腿腓肠肌的练习，能很好地塑造小腿线条
锻炼组数	3~5组，每组8~15次

教练提示

关注小腿肌肉的力量变化，若感受不明显，应调整姿势。

Step 1 身体端坐在平板凳上，两腿自然放立，两手握住哑铃置于大腿膝盖上。

Step 2 吐气发力，脚后跟抬离地面，脚尖着地，提踵。

11 登山机锻炼

简易组合动作五

锻炼目标	腿部肌肉群
锻炼效果	运用器材对下半身整体塑形，能有效拉伸腿部韧带，活动膝关节，加强身体的协调性及平衡能力，改善膝关节的韧性，还能减掉身体多余水分和水溶性脂肪
锻炼组数	每次45~60分钟

Step 站在登山机上，双手抓住握把，双脚站在踩板上，左右脚上下交替蹬踢，可以选择直立身体和躯干微微前倾两种方式进行锻炼。

教练提示

动作进行中，注意双脚始终踩在踏板上。请勿接打电话，或与他人对话。

12 单车骑行

教练提示

若单车有脚带，请务必绑紧。

Step 坐在单车机上，采用平常骑自行车的动作进行锻炼。

13 椭圆机锻炼

教练提示

运动过程中保持匀速，双脚始终不能离开踏板。运动中请勿接打电话，或与他人对话。

Step 如图所示，双脚平踩踏板，双手握紧扶手，往复运动。

14 跑步机锻炼

Step 站在跑步机上，如图所示，摆动双臂，目视水平方向，匀速跑动。

教练提示

练习跑步时，应选择带有气垫或是软底的鞋。运动中请勿接打电话，或与他人对话。

减脂塑形
中级动作

发达腿部肌肉，塑造高翘臀部

本节适用人群	希望通过运动减脂、塑形，让自己拥有型男好身材的人士
本节锻炼功效	修长的腿部与紧致高翘的臀部，也是男性魅力的重要标志。好的腿部与臀部肌肉群，不仅能使你的体格看起来更有整体感，而且对血液循环系统的健康也有很大的帮助。下面的动作主要是通过对腿部和臀部的肌肉进行有效锻炼，让你的腿部肌肉更加发达，提高你的臀围线，让你更具成熟魅力
本节运动强度	每周3~4次，一次45分钟左右
本节器材选择	中级锻炼可以选择稍微重一点的哑铃，哑铃重量为能连续上举15~20次，感觉接近极限为宜

中级组合动作一

锻炼目标	背阔肌以及斜方肌
锻炼效果	背部是男人重要的部位，但也是平时活动用到比较少的部位之一。下面的动作主要针对背阔肌和背部斜方肌，能让你快速燃烧背部脂肪，改善和消除含胸驼背等症状
锻炼组数	3~5组，每组8~10次

1 俯身双腿交替弯曲

Step 1 俯身向下，双臂撑地，双腿弯曲，大腿与小腿成 90°。

教练提示

呼吸方法：当目标腿向胸部收缩时吸气；弯曲腿发力伸展时吐气。腿弯曲时腹部要有明显收紧感觉，腿部向后伸展时尽量靠腹部的力量，最后腿部停在与背部水平位置时，要感受到臀部在强力收缩。

Step 2～3 左腿弯曲靠近胸部，同时右腿弯曲角度尽量在 90° 左右，然后用力向后伸左腿。注意腿部向后伸展时应与身体成一条直线。

2 哑铃提拉

Step 1 双脚打开站立，间距为两步距离，双手提哑铃放在小腹处。

教练提示

当屈腿打开下蹲时吸气，当腿部内侧及臀部收缩时吐气。动作进行中保持核心部位收紧、躯干挺直。

Step 2 双腿屈膝蹲立，躯干挺直，保持该状态 1~3 秒钟，吐气起身再回到起始动作。

3 哑铃半蹲起

Step 1 双脚打开与肩同宽，脚跟垫高一点，膝关节弯曲成 90° 左右，挺胸收腹，两眼平视前方；双手对握哑铃，双臂微弯放于身体两侧。

Step 2 脚跟发力，双腿向上蹬起，高度是全程的 1/2，膝关节弯曲角度成 130° ，双手紧握哑铃，双臂保持不变。

错误动作：脚跟垫高后，双腿膝盖不要超过脚尖位置，重心应放在脚掌上。

教练提示

1. 双脚间距分为并拢和打开两种，下坐时感觉臀部像是坐在板凳上，腰背要挺直，脚跟发力起身时，膝关节弯曲的角度控制在 130° 左右。
2. 吸气时，控制身体慢慢下落；呼气时，脚跟发力蹲起。

4 坐姿举腿

中级组合动作二

锻炼目标	股四头肌以及臀大肌
锻炼效果	这组动作被健身界称为腿部练习的黄金动作，重点训练大腿股四头肌，能很好地塑造肌肉线条，能加强股四头肌，让双腿围度加粗、肌肉力量增大，还可以对臀大肌起到很好的锻炼效果，能紧致臀部肌肉，提升你的臀围线
锻炼组数	3~4组，每组10~15次

Step 1 坐在坐姿器上，双腿屈膝，双脚平踩于踏板上，核心部位收紧。

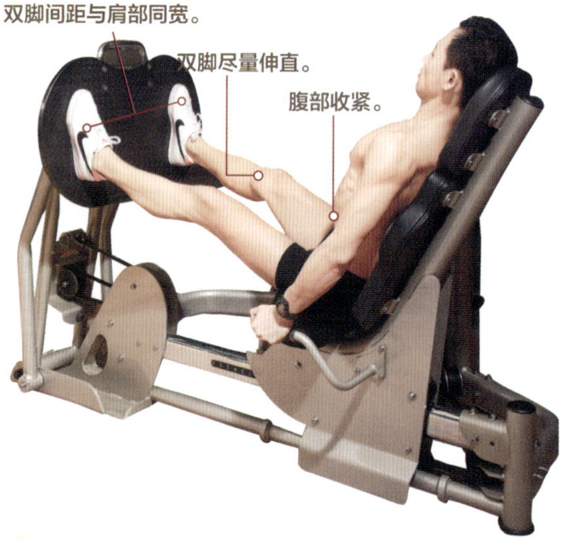

Step 2 吐气，双腿用力前蹬踏板，呈伸直状，但要保持膝关节仍有微微弯曲。然后吸气回到起始动作。

教练提示

双脚间距应与肩部同宽，始终保持脚尖与屈腿时的膝盖指向同一方向，而且要注意屈腿时膝盖高度没有超过脚尖，最佳角度在90°左右，避免膝关节扭伤。

5 坐姿腿屈伸

教练提示

1. 为单关节动作，以膝盖为轴心，尽量靠腿的屈伸来完成此动作，在动作中，减少身体晃动。

2. 发力将腿上举时，呼气；控制落下时，吸气。

Step 1 坐在平凳上，双脚踏地，将一个哑铃放于双脚之间，双膝弯曲成 90°，身体挺直，双手放于身后，紧握住平凳边缘。

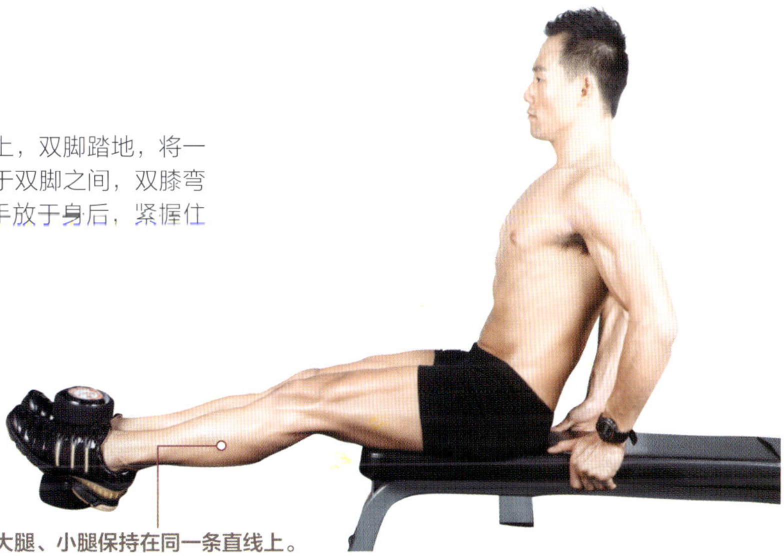

Step 2 坐姿不变，固定住大腿不动，双脚夹住哑铃向上举起，让小腿和大腿在一条直线上，双手发力控制身体重心，保持身体不晃动。

6 哑铃箭步蹲

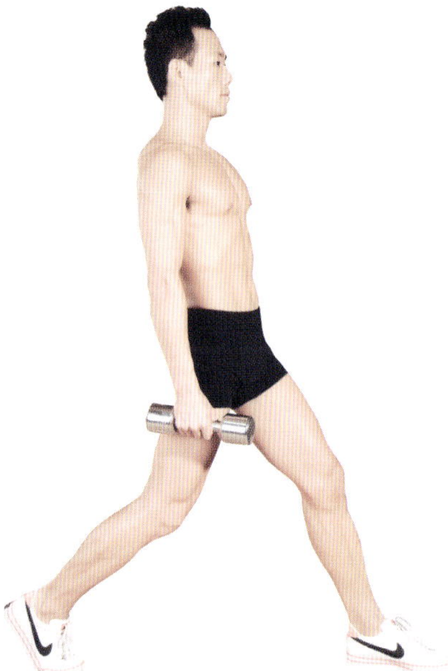

Step 1 左脚大步向前迈出，右脚脚跟抬起，双手握哑铃。

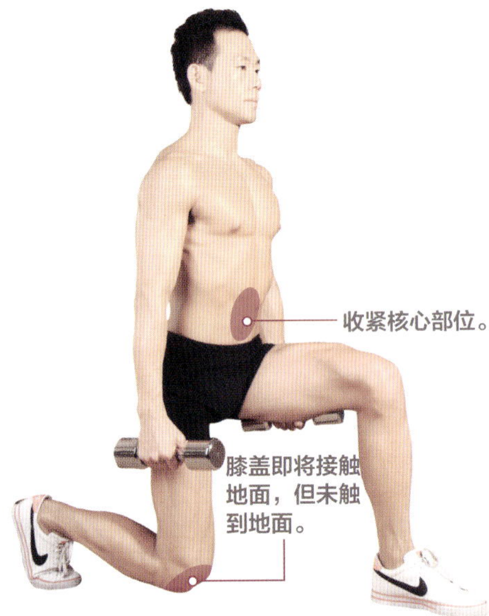

Step 2 膝盖慢慢弯曲，使身体下降，下降到后腿膝盖即将接触地面时还原到起始动作。左腿按照相同的方法重复进行，此为一个完整的动作。

错误动作：未抬头挺胸，双臂无力。

教练提示

起始动作中重心在双腿中央。动作进行时始终保持身体直立，收紧核心部位，尽量让双腿的膝关节夹角控制在 90° 左右。

7 超级哑铃弓箭步

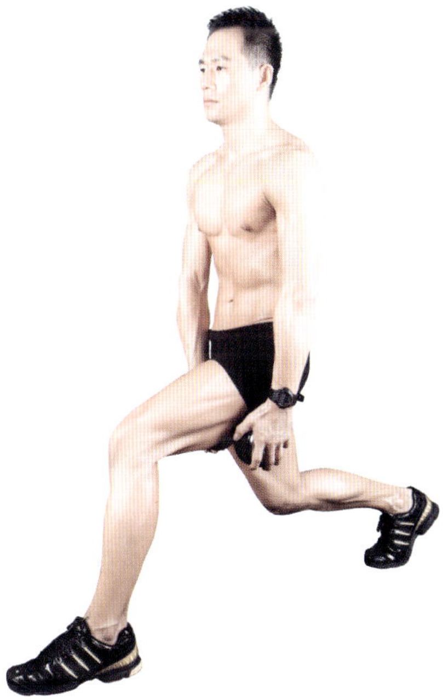

教练提示

1. 此动作可以避免因左右手臂力量不均，引起的训练效果不同；双腿蹬直时，后腿抬起高度不要很高，一个超级弓箭步相当于三个常规动作的效果。

2. 遵循发力时呼气、肌肉还原时吸气的呼吸方式。

Step 1 双脚前后站立，后脚脚跟立起，双手持哑铃放于双腿中央。

Step 2 双腿同时弯曲，前腿膝关节弯曲角度成90°，后腿膝关节弯曲角度大于90°，后脚跟抬起离地，后脚脚掌支撑于地面，身体上半身保持直立状，双手握铃保持不变。

8 坐姿夹腿

中级组合动作三

锻炼目标	大腿内侧肌群
锻炼效果	加强大腿内侧和臀部下部及内侧练习，能紧缩大腿及臀部肌肉，防止肌肉松弛，还能提升你的臀围线，让你的双腿看起来更加修长
锻炼组数	3~4组，每组10~15次

Step 1 坐在训练机上，双腿分开，脚踩踏板。调整大腿挡板的位置，使之紧靠膝盖内侧附近的部位。双手握住座椅两侧的手柄，背部靠贴椅背，以保持身体稳定。

Step 2 双腿用力向内夹紧，直到腿内侧相互接触。双腿夹紧后，保持 2 秒钟，然后在挡板的反作用力下自然外展。

教练提示

双腿发力夹起时吐气，双腿分开伸展肌肉时吸气。为了防止双腿碰触后的反弹，不要用爆发力做这个动作，发力应该相对和缓一些，完成一次动作用时为 5~6 秒钟。

9 站姿哑铃提踵

中级组合动作四

锻炼目标	小腿肌肉群
锻炼效果	负重提踵动作能对小腿进行有效塑形，能锻炼到小腿三头肌和深层的比目鱼肌，让你的小腿肌肉变得更加完美
锻炼组数	3~4组，每组10~15次

教练提示

1. 动作过程中保持重心向上，腹部收紧，注意控制动作中快起、慢下；完成一条腿的锻炼后，再换到另一条腿。

2. 吸气时，慢下；吐气时，快上。

3. 双脚脚跟上提时注意控制身体重心向上，身体尽量不要晃动；在动作过程中保持腹部收紧，注意控制动作快起、慢下。

4. 呼吸方式和单腿提踵一致。

Step 1 单腿站立，站立腿挺直，脚平踩地面；另一条腿弯曲，膝关节弯曲角度大约成 90°，挺胸收腹，控制好自己的重心，双手对握哑铃，双臂放于身体两侧。

Step 2 发力将脚跟向上抬起，重心落在负重的脚掌上，其他部位保持不变。

Step 3 双脚打开与肩同宽，直立，挺胸收腹，两眼平视前方；双手对握哑铃放于身体两侧。

Step 4 站立姿势不变，以脚掌为支撑点发力，双脚脚跟向上提起。

突破自我

高级动作

让你的腿部成为健美身材的“闪光点”

本节适用人群	喜爱运动和对身材有特殊需求的健身健美达人
本节锻炼功效	你是否在奥林匹亚健美大赛上看见过俄罗斯人希列斯托夫展示他那巨无霸一样的大腿？巨大的股四头肌像要爆炸一样向外凸出，和股二头肌之间形成了一条深深的壕沟。在他的健身计划中，完成最多的动作，除了深蹲，就是腿屈伸。我们可能不需要那样粗壮的肌肉，但通过合适的负重锻炼肌肉线条明显、修长和强壮的腿部，很有必要
本节运动强度	可以选择一周三分化的训练模式，每个部位一周练习两次，一次20~30分钟
本节器材选择	高级锻炼可以选择稍微重一点的哑铃等器械。器械重量选择为能连续上举8~10次，感觉接近极限为宜

高级组合动作一

锻炼目标	股四头肌、臀部及股后肌群
锻炼效果	大负重，不同的锻炼动作能更好地刺激大腿深层肌肉，提高臀大肌中束收缩力，有效增大股四头肌体积，同时加强臀部及股后肌群，还能增加腿部负重能力，让你的腿部肌肉更加凸出
锻炼组数	3~5组，每组8~10次

1 杠铃蹲腿

教练提示

屈腿到 90° 的时候注意控制重心。整个动作过程中，始终抬头、挺胸、紧腰、垂直起落。

Step 1 双腿分立，比肩略宽。双手持杠铃于颈后，上体挺直，双腿微微弯曲。

Step 2 吸气，慢慢下蹲。当膝关节弯曲成 90° 左右时停顿 1~3 秒钟，然后吐气，双腿缓慢伸直到起始状态。

2 坐姿腿屈伸

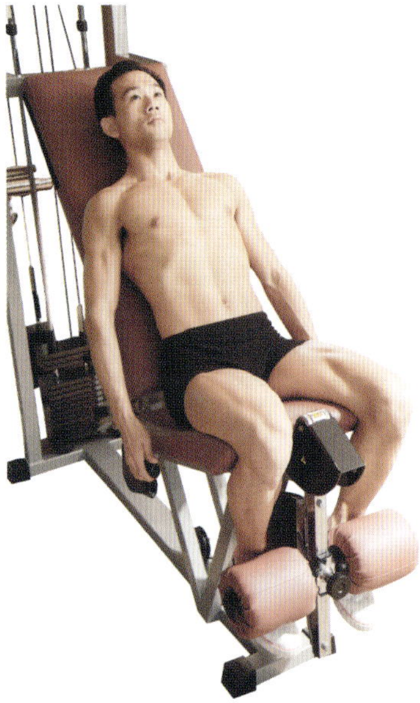

教练提示

动作过程中保持臀部、背部紧贴住坐垫和椅背。

Step 1 身体坐在屈伸训练器上，背部平直紧贴椅背，两手紧握座椅两侧的握把，两腿穿过阻力杠夹缝抵在下面的阻力杠上。

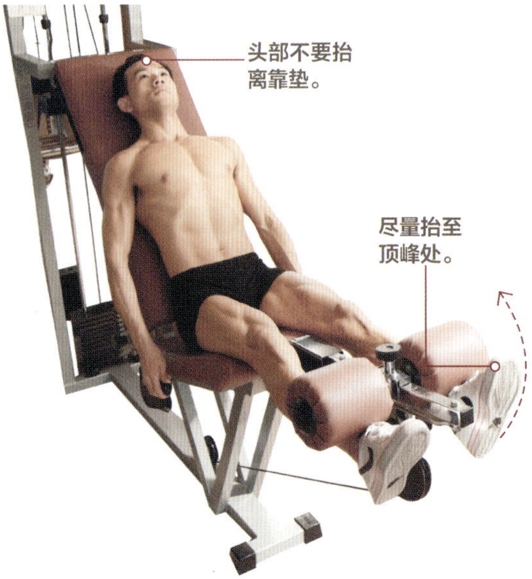

Step 2 吐气，双腿向上伸直，停顿 1~3 秒钟。

Step 3 吸气，双腿弯曲匀速下落，回至起始位置。

3 哑铃常规蹲举

Step 1 站姿，双脚打开与肩同宽，挺胸收腹，双眼正视前方；双手正握哑铃，掌心相对，双臂自然垂于身体前方。

Step 2 双腿弯曲，身体向后坐，处于半蹲姿势，双手握紧哑铃保持不变，双眼平视前方。

侧面观：双腿并拢，身体下坐，膝关节弯曲成90°左右，腰背挺直。

错误动作：此动作过程中应保持身体挺直，图中出现含胸、弓背现象。

教练提示

1. 保持挺胸收腹，避免含胸现象，臀部下坐时膝盖不要超过脚尖位置，保证脚尖和膝盖在一个方向，起身时，以脚跟为发力点将身体挺起。

2. 重心下落半蹲时，吸气；脚跟发力起身时，呼气。

PART 09

健身先生

教你运动后饮食、休息的调整

飞驰的骏马也需要安静的休养，
上满发条的时钟偶尔也会在时间的长河里迷失；
健身健美运动是充满激情与挑战的，
经过一系列的运动锻炼，
我们的身体已经开始轻度抗议。

这时，我们需要的不是继续锻炼，
而是科学、合理的休息以及营养的补充；
只有这样，才能均衡营养，满足身体需求，
才能让我们的健身健美运动可持续发展下去。

运动后的放松，你做好了吗

通常我们健身时只会关注做了几组动作、锻炼了多久、流了多少汗，却没考虑健身之后要怎么呵护自己的身体。我们往往认为健身锻炼完后，冲个热水澡就完事了，却没有意识到，健身后的休养才是让身体达到锻炼目的的黄金时期。健身完后，给身体一些放松和补充，不仅能使我们的身体得到很好的恢复，还能巩固之前的锻炼成果，保证汗水没有白流。

对于大多数健身者来说，大家都知道健身后要放松，知道运动久了，身体会累，身体也需要放松。但是，看起来在放松的我们其实做得相当不够。

好的放松能够让身体的细胞休息、充电、延缓老化，让大脑有更多灵感。放松主要包括两个方面：身体放松和心灵放松。大多数人只将放松停留在身体放松这个层面，甚至连身体放松都没能做好，心灵放松更是无暇顾及了。

很多人都认为放松应该是运动完就立马休息，其实这是一个误区，事实上运动完我们还应该做一些休整运动。休整运动能使人从运动到停止运动之间有一个缓冲、整理的过程。舒展的慢动作和正确的气息运用，可以使紧张的肌肉逐渐放松，跳动速度过快的脉搏逐渐减慢至正常，升高的血压逐渐降至正常，兴奋的情绪逐渐恢复平静。运动中的休整运动包括上身休整、下身休整和全身休整，方法如下：

上肢休整运动：身体站立，双腿自然叉开的同时微微弯腰，使上肢自然前倾下垂，双肩、双臂反复抖动大约1分钟，至双臂发热为止。抖动的同时，如果活动一下手腕和手指，效果更佳。

下肢休整运动：保持身体呈仰卧姿势，向上举起双腿，同时用双手拍打、按摩双腿，脚尖稍稍用力颤动大腿和小腿，顺带颤动臀、腹、腰部等。还可做团身抱膝运动，保持身体呈下蹲姿势，用双手环抱膝盖，同时尽量低头（以下巴靠到前胸为佳）、再抬头，练习20～30次。

全身休整运动：双膝弯曲，上身向前倾使双手扶地，此时充分运用气息，深吸气于胸，然后气沉丹田。如此反复几次，然后上肢慢慢抬起，直立，直至脉搏恢复到正常值。

在健身房经常见到这样的场面，一些健身者在做完健身后，便大口大口地喝冷饮，自以为很痛快，其实这是非常不正确的，那样会刺激呼吸和消化系统。正确的做法是健身完后应该小口地喝含盐的温水，因为运动时，体内的钠、钾等元素及电解质随汗液排出体外，这会造成身体无法适时调节体液与温度等生理变化。一味喝太多的白开水，会稀释血液中的电解质，容易导致低血钠症。所以，在训练后，最好选择饮用淡盐水或者运动饮料，这样在补充水分的同时，这些溶液中所含有的钠、钾、氯离子、葡萄糖，可以补充流失的电解质和盐分，而小口喝能保证更有效地吸收营养。

另外，还可以通过全身拉伸的方式放松紧张的肌肉，休息、睡觉、按摩、泡澡也是不错的选择。

此外，运动后还有很多注意事项：

第一，不要蹲坐休息。很多人都习惯运动完就直接往椅子上坐，其实这是非常不对的。健身后若立即蹲坐下来休息，会阻碍下肢血液回流，影响血液循环，加深肌体疲劳。严重时会产生重力性休克。因此，每次健身结束后应调整呼吸节奏，步行甩臂，并做一些放松、调整活动，促使四肢血液回流入心脏，以利于还清“氧债”，加快恢复体能，消除疲劳。

第二，不宜马上洗澡。运动时，为保持体温恒定，人体皮肤表面的血管会扩张，汗毛孔张大，排汗增多，在运动停止后，这种状态还会持续一段时间。这时洗热水澡，会使皮肤内的血管进一步扩张，血液过多流进肌肉，血压降低，导致心脏和大脑供血不足，轻者出现头昏等不适，重者可能会虚脱。研究表明，合理的洗浴时间是在运动后心率恢复运动前水平、发汗停止后。

第三，千万不要吸烟。健身后吸烟，吸入肺内的空气混入大量的烟雾，一方面含氧量降低，不利还清“氧债”，难以消除肌体疲劳；另一方面当人体吸入这样带雾的空气，将影响人体肺泡内的气体交换，导致人体在健身后因供氧不足而出现胸闷、气喘、呼吸困难、头晕乏力等症状。

第四，不宜骤降体温。如果室外温度较高，运动后会感到燥热难耐，倘若此时立即走进空调房间或风口纳凉小憩，会打破正常的生理调节机能，使生理功能失调，易患感冒、腹泻、哮喘、风寒痹痛等疾病。

第五，不宜立即吃饭。运动时，全身的血液进行重新分配，使得胃肠道的蠕动减弱、各种消化腺的分泌也大为减少，若在运动后不经休息立即吃饭，就容易引起人体消化系统的紊乱和功能性失调，易患病。

健美训练的营养需求

1. 营养的意义

小时候，我们看到玩伴中有的头发浓密乌黑，而有的却是发少枯黄，当时压根就不会在意。但是，父母却会将头发枯黄的玩伴当成是反面教材来教育我们，告诉我们不要挑食，要注意营养的补充，让我们不要成为下一个“金毛狮王”。也许小的时候我们对父母的这种教导不以为意，觉得他们是在吓唬自己，等到读书后，我们才知道真是那么回事，头发枯黄就是因为缺铁等营养物质而出现的症状。

铁元素只是许多营养物质的一种，营养对我们的影响也不只是表现在头发上，它还影响我们生活中的其他方面。可以毫不夸张地说，没有营养，我们将寸步难行。尤其是在健身活动中，我们更应该补充营养，因为健身之后，身体对营养的要求更高，不仅要提供身体充足的能量，而且还要为肌肉的增长和恢复补充充足的营养。

营养的作用主要表现在两个方面，一是增进健康，二是预防疾病，两方面是互相促进、相互影响的关系。

不同的营养元素对我们的身体有不同的作用，营养的关键是要达到营养的均衡，既不缺乏也不过量，这样才能保证身体机能的正常运转。营养均衡能提供我们人体所需的七大营养素，可以促进人体新陈代谢，帮助排除体内废物和毒素，增强人体免疫力和修复能力，预防各种疾病。

人之所以生病，除了先天缺陷和病菌感染外，还有一个重要原因就是人体缺乏某种营养元素，丧失了某部分身体本该具备的功能。例如，败血症就是因为人体缺乏维生素C，而人体缺乏维生素A又会引起夜盲症，缺钙则会导致骨质疏松等。

营养过量也会造成身体功能的紊乱，从而形成某种病变。现在糖尿病患者的年龄层越来越低，就是因为生活越来越好了，家长给孩子补充营养的同时，没有让孩子得到足够的锻炼，进而加大了胰腺的负担，久而久之，就导致胰腺的病变胰岛素分泌的缺陷，从而形成糖尿病。另外，科学调查显示，摄入油脂过多容易引起乳腺癌，且容易堵塞血管，形成脑血栓。可见，营养失衡对身体的影响是极为重大的。

在健身运动中，我们更要及时补充营养，否则不仅达不到健身的目的，甚至还会引起身体的一些病变。

运动中，我们消耗了大量的能量，这些能量都是通过营养物质转化来的。这就能解释为什么人运动过量会出现头昏脑涨、身体酸胀、疲劳的现象，这就是因为身体太缺乏营养，能量跟不上了，身体在提醒自己赶快停止运动，补充失去的营养。

运动后，如果身体得不到营养补充，不仅会导致胃酸分泌过量，对胃造成伤害，还会导致血糖偏低，供氧量不足，出现思维迟缓和记忆力衰退的现象。另外，补

充营养不只是补充了运动时消耗的能量，还补充了提供肌肉和肌力增长所需的物质。

那些希望在健身的同时减肥的朋友，常常抱有这样的想法，希望健身完后不吃或者少吃，能够更快速地减去身体脂肪。其实这样会造成身体的紊乱，使新陈代谢的速度变慢，导致身体体质的改变，让你成为容易发胖的体质，享“瘦”之后又会反弹，到那时，你再想减肥就难上加难了。许多专家不赞成节食减肥就是这个原因。真正营养均衡的人身形一般都很匀称，恰恰是那些营养失衡、饮食不规律的人容易脂肪堆积、肥胖。

在锻炼中，合理的营养能够从各方面促进我们达成理想的运动效果：第一，合理营养能巩固保证身体健康的物质基础，弥补在锻炼中消耗的能量，从而保证运动的质量和效果。第二，合理营养能促进运动后的体能恢复、消除疲劳，因为运动后大量电解质、蛋白质流失，酸性代谢物堆积，造成身体疲劳，及时的营养补充能迅速恢复人体新陈代谢速度，加速酸性物质在体内的分解以及促进体内废物的排出，从而促进身体消除疲劳和酸胀。第三，合理营养有助于实现健身目的和保证人群的需求。很多健身者希望通过健身达到增肌的目的，这时，一些有助于增肌的营养物质就必不可少了。另外，青少年、妇女、中老年人在锻炼中也有特殊的营养需求，合理营养补充能帮助他们更好地增强体质。

2. 七大健美营养素

人体从饮食中摄入的营养成分主要有七大类，分别是蛋白质、脂类、碳水化合物、维生素、矿物质、膳食纤维和水。要想增长肌肉和肌力，塑造完美的身形，就必须补充这七类人体所需的营养物质。其中，蛋白质、脂类、碳水化合物作为能源物质，能供给人体所需要的能量；维生素、膳食纤维、矿物质作为调节物质，可调节人体的生理机能。普通人每天都需要在饮食中摄入足够多的七种营养素来维持生理机能，而健美男士则应该在健身后为自己补充更充足的营养素。

◆大量的水

水是生命之源，是一切生命所必需的物质之一，水占人体50%～70%的体重，是营养物质溶解与运输的载体，能够润滑组织、调节体温。人体每日都要补充适量的水，尤其在健身过程中会消耗掉大量的水，所以健身完后一定要及时补充。

◆足够的碳水化合物

碳水化合物是由碳、氢、氧三种元素组成的物质，是构成组织细胞的重要成分，人体所需能量的70%都是由碳水化合物氧化分解得到的。健身运动中需要的能量主要是由糖原提供的，而摄入的碳水化合物能够促进糖原的合成，并且能够预防运动造成的肌糖原分解。

碳水化合物也就是我们平常所说的“糖类”，因为碳水化合物到体内经生化反应最终均分解为糖。众所周知，糖类是主要的能源物质，对于健身者而言，如果饮食中糖摄入量过少，就无法满足大量运动所消耗的能量。碳水化合物的主要来源有谷物、蔗糖、水果、蔬菜等。

◆必要的矿物质

矿物质又称为无机盐，是构成机体组织的重要成分。矿物质能够维持机体酸碱平衡，人体在新陈代谢中都会消耗一定量的矿物质并将代谢产物通过汗液、尿液、头发、粪便等途径排出体外，所以人需要补充矿物质，使生理状况达到平衡。

◆多种维生素

维生素也是人体不可或缺的营养素，可分为脂溶性和水溶性两大类。维生素含有多种酶的活性成分，能够促进体内的物质和能量代谢；维生素多种多样，每一种维生素的作用也不一样，比如维生素C能够延缓细胞衰老，维生素E能够抗氧化等。

补充维生素可以通过在饮食中添加足量的新鲜蔬菜与水果来实现。

◆优质的蛋白质

蛋白质是由氨基酸组成的具有一定构架的高分子化合物，是与生命活动紧密联系在一起的物质。蛋白质能够为人体提供能量，是构成组织和细胞的重要成分，同时能够更新和修补组织细胞、参与新陈代谢、调节生理功能。

正常人每日必须摄入充足的蛋白质，经常运动的人补充的量还要更多一些。蛋白质不仅是构成肌肉的基石，同时还是肌肉生长的基础。健身者进行大量运动后会消耗体内的蛋白质，所以需要补充更多的蛋白质。

食物中，蛋白质的来源可以分为动物性与植物性两方面，动物性蛋白质主要来源于肉、鱼、鸡蛋、牛奶等，由于现在饲养鸡比较多，鸡蛋的营养价值已经不是很高

了，尽量多吃土鸡蛋，其蛋白质成分比较纯。植物性蛋白质主要来源就是豆类制品，如豆腐、豆浆、豆干等，其中豆腐不仅含有大量蛋白质，并且还含有丰富的卵磷脂、大豆异黄酮，以及人体所必需的铁、钙、镁、磷等多种微量元素。

◆丰富的膳食纤维

膳食纤维具有润汤通便、降低血脂、调节血糖的功能，能够调节糖类与脂类的代谢，有利于控制体重，想要减肥的训练者一定要补充丰富的膳食纤维。

◆适量的脂类

脂类是构成细胞膜和形成激素必不可少的成分，能够为氧化提供能量，同时促进脂溶性营养素的吸收。人体内的脂类分成三部分，即油、脂肪与脂类。提到脂肪人们总会不自觉地想到肥胖，将脂肪当成不好的东西，但人体所需总能量的10%～40%是由脂肪所提供的，所以适量的脂肪还是需要的。

各种肉类、蛋类、奶制品、动物内脏、动物油、植物油、花生、瓜子中都含有较多脂类，在平时的饮食中，要摄取适量的脂类，避免过多脂类产生不良影响。

人体所需要的这七大类营养素缺一不可，但都不可过量，一定要均衡搭配，来满足正常生活与健身的需要。

3.训练饮食有讲究

训练中，“饮”与“食”都非常重要，而且很有讲究。

首先在“饮”方面，除了要补充我们身体所流失的水分，还应该补充大量消耗的电解质和糖类。只有这些物质得到及时补充，才能保证运动效果。因此，运动后要喝含盐的温水，能补充运动中所丧失的钠、氯电解质，有条件的健美者最好在运动后喝富含各种矿物质和糖类的功能型运动饮料，那样营养更全面。

国家标准将运动饮料定义为“营养素及其含量能适应运动或体力活动人群的生理特点，能为机体补充水分、电解质和能量，可被迅速吸收的饮料”。也就是说，运动饮料是根据运动中生理消耗的特点而配置的，能够被机体迅速吸收，加速消除运动后的疲劳。运动饮料含有一定的糖、适量的电解质，无碳酸气、无咖啡因、无酒精。运动饮料并不是任何人任何时间都可以饮用的。一般来讲，刚刚做过剧烈运动，大量出汗的人比较适合喝运动饮料，而长期坐着办公或者不经常运动的人并不适合。

健身者在运动前1~2个小时内补充300~500毫升运动饮料，可以增加体内糖储备，为运动做准备。在运动

中要采用少量多次的方法进行补充，不要一次补充太多。在运动后每丢失1千克体重，就要补充1000毫升液体，这样可以加速恢复体内失去的能量物质，促进肌糖原恢复，达到消除疲劳的作用。

其次在“食”的方面，主要以进食富含七大营养素的食物。另外，还要进食一些专用的营养补充剂。它们不但能快速补充身体所需营养，而且能最大限度地帮助增加肌肉和肌力。

◆左旋肉碱

左旋肉碱是脂肪代谢中的一种必要物质，能够促进脂肪的氧化分解，被看作脂肪燃烧因子。当人体内的碳水化合物摄入量过少时，人体的日常活动与健身运动都需要分解脂肪或者肌肉作为能量，而左旋肉碱此时担任的就是搬运工的角色，它能够将脂肪运输到线粒体中进行氧化分解，从而避免了分解肌肉。所以，健身人士通过左旋肉碱来补充能量的同时更能够减肥。

◆增肌粉和增重粉

增肌粉与增重粉都是在蛋白粉的基础上添加了一些碳水化合物和脂肪，能够增加热量的摄入，让肌肉与体重增长更快。一般而言，蛋白质含量在30%左右的是增肌粉，蛋白质含量在15%左右的是增重粉，增重粉主要是针对瘦人设计，用来增加体重的，而胖人或者体重正常的人可以选择增肌粉来促进肌肉的增长。

◆蛋白质补充剂

运动中蛋白质的需求量比较大，肌肉主要是靠蛋白质来增长的，蛋白质补充剂比食物中的蛋白质更容易吸收。现在市面上有各种蛋白粉，在食用时必须用水冲服，比较麻烦，还有一种蛋白棒，形似巧克力，携带方便，受到健身人士的喜爱，但是人体所需要的营养最安全的途径还是饮食，长期食用蛋白质补剂会对肝脏与肾脏造成伤害。

◆肌酸

肌酸是在骨骼肌里发现的一种营养素，它能够帮助肌肉储存能量，从而为肌肉做瞬间爆发动作提供能源。肌酸还能够帮助肌肉在运动兴奋后迅速恢复，增加肌肉的体积，它在对肌肉产生作用的同时，也有助于减脂。由于食物中肌酸的成分太少，饮食不足以补充运动中肌酸的需要量，所以要靠额外添加营养补充剂来补充。肌酸是通过人体的肝脏来实现功能的，目前还未发现服用肌酸对人体产生明显的副作用，但是服用肌酸一定要用高纯度的，并且严格按照说明书去服用。另外，肝、肾病患者不宜服用肌酸。

◆绿茶提取物与咖啡因

绿茶向来被看作是健康饮品，绿茶中含有一种儿茶酚，能够使人体新陈代谢加快、加速分解脂肪，所以很多减肥产品中都有绿茶提取物。

有很多人在运动之前会选择喝咖啡，不仅因为咖啡能够刺激兴奋神经，更重要的是咖啡能够减轻体重。咖啡中的咖啡因能够绑定脂肪细胞，到了循环系统再将脂肪细胞释放出来使其分解，所以与儿茶酚一样，许多燃脂产品中也会包含咖啡因。

增肌减肥营养补充剂计划

补充剂	剂量	
	1~3周	4~6周
左旋肉碱	早晚训练前各摄入1克	早晚训练前各摄入2克
增肌粉	训练前后各摄入1~2勺（用桶内勺子量）	训练前后各摄入1~2勺（用桶内勺子量）
增重粉	体形偏瘦的人训练前后各摄入1~2勺（用桶内勺子量）	体形偏瘦的人训练前后各摄入1~2勺（用桶内勺子量）
蛋白质补充剂	训练前后各摄入1~2勺（用桶内勺子量）	训练前后各摄入1~2勺（用桶内勺子量）
肌酸	训练前后各摄入5克	训练前后各摄入5克
绿茶提取物	早晚餐、训练前各摄入300毫克	早晚餐、训练前各摄入500毫克
咖啡因	早饭及训练前1小时各摄入100毫克	早饭及训练前1小时各摄入200毫克

其次，还应该注意饮食的方式和原则。远离高热量、低营养的食物，如油炸食品、碳酸饮料、膨化食品，这些食品虽然好吃，但是绝大部分是热量，营养较少，经常食用很容易引起肥胖；补充蛋白质应尽量以牛奶和鸡蛋为主，它们较易吸收；尽量不要吃牛肉、猪肉等难以消化的食物；运动后不要马上吃鱼，鱼属于酸性食物，吃后会使运动中本就产生乳酸和磷酸的体液更加酸性化，容易加重人的疲劳感；运动后应该选择一些碱性食物，如水果、蔬菜、豆制品等。

休息——运动后最好的“营养冲剂”

运动后，很多人喜欢做些休闲娱乐的事，如上网、逛街，甚至熬夜，并且乐此不疲。然而，我们并没有意识到，这完全是在透支我们的体力甚至是生命。在运动后，我们需要的是休息。

为什么做大量运动后，再做其他事，会感觉昏昏沉沉、无精打采呢？这除了与身体缺乏必要的营养补充有关外，更重要的原因是，锻炼时造成了身体肌肉的疲劳，这是无法通过快速补充营养得到解决的，只有通过适当的休息，才能逐渐恢复。

休息，是运动放松的最重要环节，能最有效地消除身体上的疲劳，能缩短肌肉恢复活力的时间，能促进体能的恢复，它是运动后最好也是最实用的“营养冲剂”。

另外，我们应该注意休息方式的选择，以及休息时的注意事项。最有效的休息方式就是睡觉，我们每个人一生至少要用三分之一的时间来睡觉，疲劳感往往会在一觉之后烟消云散。运动后，美美地睡上一觉绝对是一件幸福的事。当然，不能运动后倒头便睡，应该充分做好运动之后、睡觉之前的准备。稍微放松一下，舒展一下全身，泡一个热水澡，然后舒舒服服睡上一觉。

虽然每个人都知道每天睡觉是必需的，但却不一定清楚睡觉到底对我们有哪些帮助。睡觉除了能帮我们消除疲劳、恢复体力、增强脑力、帮助美容外，对我们的身体还有许多其他益处。

第一，睡觉可以维持脾脏和骨髓的正常造血机能。熬夜或者睡眠时间不充足会降低脾脏和骨髓的造血机能。

第二，睡觉可以使松果体分泌更多的褪黑素。松果体是位于人脑内的一个腺体，它可以分泌褪黑素。关于褪黑素，目前在国际上还没有统一的成型理论，但是有研究表明，褪黑素在促进睡眠、预防癌症、预防辐射的副作用以及美白皮肤等方面对人体都起着非常重要的作用。所以，一般睡眠不足的人皮肤会比较粗糙、黯淡，会出现黄褐斑。

第三，睡觉可以促进生长激素分泌。生长激素是下丘脑分泌的一种激素，它能促进骨骼和肌肉的生长发育。生长激素的分泌与睡眠密切相关。在人熟睡后，有一个明显的分泌高峰，随后又有几个弱的分泌高峰，而在非睡眠状态，生长激素分泌减少。所以，希望增长肌肉的健身者，一定要把握睡觉这个促进肌肉增长的好机会。

除了睡觉，我们还可以选择其他的休息方式，如精油SPA或者闭目养神都是不错的选择。并且，我们还可以将这些休息方式同睡觉结合起来，更快速地帮助身体恢复。

精油SPA，很多人虽然经常听说这个词，但是却并不清楚它的功效。精油SPA融合视觉、听觉、嗅觉、触觉等人体四种感觉来放松全身，每个SPA房间都从这四个方面让你得到放松。房间里优美的布景、柔和的灯光、优雅舒缓的音乐、沁人心脾的精油芳香，再配以技师用带有舒缓提神、愉悦身心等功效的精油反复推拿按摩你的全身，不仅能立刻消除身体的疲劳，将体内的毒素疏导出来，还能让我们在SPA营造的这种氛围中，彻底地享受安宁与静谧，让身心得到彻底的放松。

闭目养神也能达到放松身体和心灵的功效，尤其适合在刚做完运动时进行。闭目养神可以与深呼吸结合起来，这样能够增加运动后的血液供氧量，有提神、醒脑的效果。